マダム、これが俺たちのメトロだ!
インドで地下鉄整備に挑む女性土木技術者の奮闘記

阿部 玲子
ABE Reiko

ヒューマンヒストリー

はしがき

　1990年代に経済改革政策を断行し経済自由化路線に転換したインドは、近年、急速に経済成長をとげており、道路網や電力網といったインフラの整備も進んでいる。日本との関係も近年緊密化が進んでおり、円借款をはじめとする日本からの政府開発援助（ODA）の最大の受入国となっている。日印協力の代表的な事例の一つとして、大都市におけるメトロ建設が挙げられる。本書で取り上げている1997年に始まった首都デリーにおけるメトロ事業、デリーメトロの成功は、その後、バンガロール、コルカタはじめインド国内の複数の都市でのメトロ整備へとつながる先駆けとなった。

　このようにインド国内でいくつものメトロ建設事業が行われるようになったものの、工事現場では安全管理やスケジュール管理の意識が低いなどの問題が深刻だった。本書は、インドの工事現場で直面する幾多の問題の解決に取り組む土木コンサルタント、阿部玲子氏の奮闘の様子と、彼女が土木業界では数少ない女性の土木技術者になるまでの軌跡を自伝的に描いたものである。

　第1章では、デリーメトロに始まるインドにおける円借款によるメトロ建設の系譜が、著者の実体験を交えながら描かれている。第3章では、著者が「安全対策」や「環境対策」といった、当初のコンサルタントの業務には組み込まれていなかった活動の提案を行い、人脈をフルに活用してODAの活動として具体化させていった様子が詳しく紹介されている。このように国際協力の生の現場の様子が生き生きと描かれているのは本書の一つ目の特徴といえる。

　二つ目の特徴は、ジェンダーの視点から女性である著者の苦労が紹介

されている点である。近年、日本では、「女性活躍推進法」が成立するなど、女性がより社会で活躍できるような労働環境の整備に力が注がれている。しかし、著者の学生時代のころの土木業界は男性社会の代名詞的な世界であった。第2章ではそのような中で女性である著者が土木技術者として独り立ちできるようになるまでの紆余曲折が紹介されている。

　三つ目の特徴としては、著者のこれまでの苦労、経験を通じての未来を担う若者へのメッセージが込められていることである。著者には、「一人でも多くの若い人に、同じ道を志してほしい」という願いがあり、そのことが本書の執筆動機の一つにもなっている。第4章では、著者が実務や大学での講義を通して交流した学生たちとのやりとりや、建設コンサルタントという仕事の魅力、可能性について触れられている。

　JICA研究所の「プロジェクト・ヒストリー」シリーズは、JICAが協力したプロジェクトの歴史を読者の方々と共有することを狙いとし刊行している。しかし本書は、これまでのプロジェクトに焦点をあてたシリーズと違い、プロジェクトに携わった一個人にスポットを当てた「ヒューマン・ヒストリー」として上梓された。国際協力に関心のある方々のみならず、土木分野に関心のある女性の方々にも、是非、手に取ってご一読していただきたい本である。

JICA研究所長
北野　尚宏

目次

はしがき……………………………………………………………… 2

プロローグ
マダム、俺の国では地下鉄をつくっているんだぜ ………… 9
渋滞を自慢するリキシャのドライバー……………………………… 11
日本とインドのこれまでとこれから………………………………… 12
世界一の成長ポテンシャルを有した国へ…………………………… 13
鉄道事業に熱心な国・インド………………………………………… 13
なぜ、インドに地下鉄が必要なのか………………………………… 15
本書の構成…………………………………………………………… 17

第1章
首都・デリーから始まったメトロブーム ………………… 21
デリー高速輸送システム建設事業が始動…………………………… 23
スリダラン氏の主導で日本のコンサルタント会社が選ばれる…… 26
日本企業とスリダラン氏がもたらした革新①『安全』…………… 29
日本企業とスリダラン氏がもたらした革新②『工期』…………… 33
フェーズ1の成功により、インド各地のメトロ事業が始動……… 37

第2章
女性土木エンジニアはこうして誕生した ………………… 49
私にとっては"残された道"だった土木分野・トンネル工学……… 51
世間が変わることに期待して大学院への進学を決意……………… 53
教授の尽力で建設会社への就職が実現……………………………… 54
女性としての真の試練が始まった…………………………………… 56
バブル崩壊を機に、海外留学に挑戦………………………………… 58
ノルウェーでの苦闘…………………………………………………… 61
"自分なりの武器"を本物にする……………………………………… 63
会社で生きるための武器が、社会で生きるための武器に………… 65
日本よりはるかに奇異な目で見られる……………………………… 66
初ともいえる女性エンジニアだからこその失敗や苦労…………… 67

もっとも大切なのは真に信頼をおける存在になること……………… 69
インド人女性の社会進出にも寄与……………………………………… 73

第3章
セイフティ・ファースト ……………………………………………… 77
きっかけとなったのは高架橋崩壊事故………………………………… 79
現場の「手抜き」に課題を見出す……………………………………… 81
先輩にこぼしたグチが解決策の糸口に………………………………… 84
デリーメトロ公社とJICAを説得し、アイデアを案件化 …………… 86
さまざまな試練に見舞われたOSVの設置現場 ……………………… 89
目が点になるような原因だった動作不良……………………………… 92
講習会の実施や説明板の新設で理解を広める………………………… 94
広がりを見せるOSV …………………………………………………… 98
バンガロールで新たな課題解決に向けて動き出す…………………… 99
逆転の発想から生まれた粉塵の計測システム………………………… 100
"デリーの二番煎じに甘んじるのか"が殺し文句……………………… 102
幾多の試行錯誤を経て、アプリの開発導入を実現…………………… 104
講習会には専門医も招聘………………………………………………… 107
デリーとバンガロールをモデルケースに……………………………… 110

第4章
未来のエンジニア諸君 ………………………………………………… 113
きっかけは、ある女子大生との出会い………………………………… 115
人を育てることを通じて自身も学ぶ…………………………………… 116
インドの大学で教鞭をとることに……………………………………… 121
土木コンサルタントという仕事の魅力………………………………… 123

エピローグ………………………………………………………………… 127
「安心・安全」な高速輸送システム …………………………………… 129
女性の社会進出に大きく貢献するメトロ事業………………………… 130
市民の行動様式や考え方の変化………………………………………… 131

大気汚染の軽減にはさらなる対策が必要	132
自律的かつ持続的に運営・改革されていくことが支援の究極的な目的・効果となる	133
あとがき	136
Short Story	139
① No Problem is Big Problem	141
② トイレトレーニング	142
③ 書類監査①	143
④ 書類監査②	144
⑤ 書類監査③	145
⑥ 重機	146
⑦ 渋滞	147
⑧ カレーは百薬の長!?	148
⑨ 名前①	148
⑩ 名前②	149
⑪ 不便な日本	150
⑫ 同僚の災難①	150
⑬ 同僚の災難②	151
⑭ 犯罪の巻き添え	152
⑮ 創意工夫	153
⑯ 映画熱	154
⑰ 誤解を招く表現	155
⑱ 大きなお世話	156
⑲ マイペーパー、マイネックレス	157
⑳ 私はミスター	158
㉑ レポート＝決意表明!?	159
㉒ 壁は生き物	160
㉓ 不吉なビジュアルは世界共通	161
㉔ 定員オーバー？	162
㉕ 救急車出動！	164

㉖	女性ならではの安全確保	165
㉗	手厚い厄除け	166
㉘	笛が鳴る	167
㉙	素敵な脱出劇	168
㉚	インドの道路事情	169
㉛	レバーは食べるもの	170
㉜	昼食はコンチネンタル様式で	171
㉝	何でも食べる日本人	172
㉞	華厳の滝	173
㉟	いつの間に	174
㊱	インドのお土産	175
㊲	インドのお年玉	176

略語一覧 178
参考資料 178

プロローグ

マダム、俺の国では
地下鉄をつくっているんだぜ

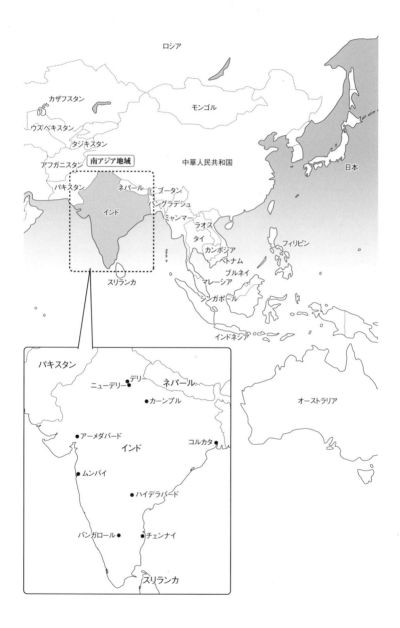

渋滞を自慢するリキシャのドライバー

　インドのメトロ工事に携わるようになって5年ほど経ったある休日のこと。私は買い物に出かけようと、庶民の足である三輪タクシー "オートリキシャ" に乗り込んだ。

　しかし、ほどなくして私が乗ったリキシャは渋滞に巻き込まれてしまう。メトロ工事で、車線が減少していたのだ。自身も関わっている工事が原因とあっては、あからさまに不満をもらすわけにいかない。心の中でため息をもらしていると、ドライバーが話しかけてきた。

　「このあたりは、メトロの工事をやっているせいでいつも渋滞しているんだよ」――私はドキッとした。ドライバーが、メトロのことを苦々しく感じているのではないかと思ったからだ。ところが、続く彼のセリフは意外なものだった。

　「マダム、これが俺たちのメトロだ。すごいだろう？」

　彼は、見るからに異国人である私を捕まえて、「俺の国では、地下鉄なんていうすごいものをつくっているんだぜ」と、我がことのように自慢しはじ

車やリキシャで混雑するデリー旧市街の道路

めたのだ。その口ぶりは、「あんたの国にはないだろう？」と言わんばかり。普段の私が、その工事現場でエンジニアやワーカーをつかまえて怒鳴り散らしている人間だとは、夢にも思っていなかったに違いない。

　私はこのエピソードを、よく笑い話として人に披露する。しかし、実をいうと、その場では深く感動していた。一般市民もこのメトロを誇りに感じてくれているという事実に触れ、さまざまな苦労や悔しい思いの数々が頭を駆け巡った。そして「それでもこの仕事に関わることができて本当によかった」と思えたのだ。

　本書では、インドのメトロプロジェクトを通じた経験や、インドにたどり着くまでの私の足跡を紹介していくが、まずは基本的な情報に触れておきたい。

日本とインドのこれまでとこれから

　戦後の日本が連合国諸国とサンフランシスコ平和条約を締結した翌年の1952年、日印平和条約が締結された。その後、目覚ましい復興・経済成長を遂げた日本は、1958年に我が国初となる円借款（長期・低金利の資金貸し付け、p.19参照）をインドに供与した。

　以降のインドにとって、日本は経済協力のうえで重要なパートナーとなる。1998年の核実験実施への反発から対インドの新規円借款が凍結された時期もあったが、2003年から本格的に再開。2004年度以降は、インドが最大の円借款受け取り国となっている。

承諾額（借款契約額）ベースでのインドの円借款の受け取り順位の推移

	2004〜2009年	2010年	2011年	2012〜2016年
インドの順位	1位	4位	2位	1位

出典：JICA

　また、2006年には両国間で「戦略的グローバル・パートナーシップ」を締結し、2014年には、より深淵かつ広範に及ぶ関係に昇華させるかたちで「特別戦略的グローバル・パートナーシップ」や「インド太平洋地域と世

世界一の成長ポテンシャルを有した国へ

　日本の経済援助などが功を奏し、着実な成長を遂げてきたインドは、2014年以降、実質GDP成長率7％前後をマークし続けていて、主要国でもトップレベルの勢いを持続している。

　また、国連によれば、インドの人口は2022年には中国を抜いて世界トップになる見通しだ。特に、経済成長の原動力となる生産年齢層（15〜59歳）が全人口に占める割合は6割強にものぼるため、成長のポテンシャルでも世界一と目されている。

　半面、インドでは交通網や電力網などのインフラ整備が追いついていないため、第二次産業振興や雇用促進の遅延を招いている。インフラの脆弱さが、深刻な問題である貧富の差を生じさせている一つの要因にもなっているのだ。

　日本企業のインド進出を促進し、共に経済発展を遂げていくためにも、事業展開に不可欠なインフラ整備は、火急の課題だといえる。

インドの人口とGDPの推移

	2006年	2013年	2014年	2015年	2016年
人口(百万人)	1162.0	1278.6	1293.9	1309.1	1324.2
実質GDP成長率(％)	9.3	6.4	7.5	8.0	7.1

出典：JICA国別主要指標一覧（2017年7月版）

鉄道事業に熱心な国・インド

　それでは、インフラのうち、重要な機能の一翼を担う鉄道について見ていこう。

　「インド」「鉄道」というキーワードから、多くの人が連想するのは、車両内がすし詰めになっているだけでなく、屋根の上にまで人が乗っているような"超満員状態"の様子だろう。

インド全域の鉄道網

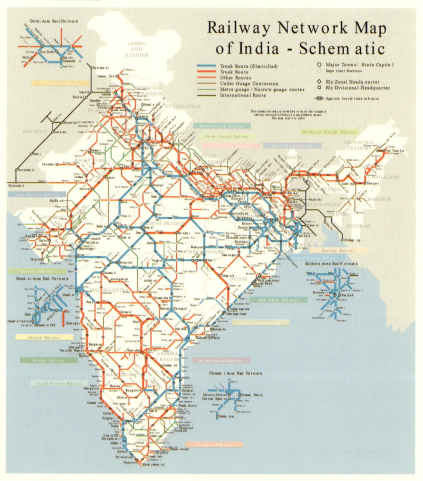

資料引用=https://commons.wikimedia.org/wiki/File:India_railway_schematic_map.svg

日本では考えられない状態で列車が走っていることから、インドに対して鉄道後進国というイメージを抱く人も多いと思うが、世界的に見ると、決してそんなことはない。

　インドで初めて開業された鉄道は、1853年のボンベイ・ターネー間だ。ちなみに、日本最初の鉄道開業は1872年の新橋・横浜間なので、インドの方が20年ほど早かったことになる。また、日本に先んじていたというだけでなく、インド初の鉄道開業は、同時にアジア初の鉄道開業でもあった。これは、世界に先駆けて鉄道を開発したイギリスによる植民地化が進んでいたことが大きく影響している。

　初の開業以降も、インドでは鉄道網の整備が積極的に進められた。この結果、2016年時点の世界銀行のデータでは、インドの鉄道路線の総延長は約6万6,000kmで、世界第4位の長さを誇っている。ちなみに日本は約1万5,000km（JRのみ）で、世界では15位だ。もちろん、レベルの高低は線路の距離だけで測れるものではないが、インドの鉄道は決して未発達というわけではないことがお分かりいただけるだろう。

なぜ、インドに地下鉄が必要なのか
　先に触れたインフラ整備が遅れているという話と、鉄道に関しては決して未発達なわけではないという話は、一見、矛盾している。

　これらの背景には、国土の広さと都市部の急速な成長がある。まず前者だが、インドの総面積は、約328万7,500km²で、日本の8倍以上にもなる。先述のとおり、日本に先駆けて鉄道を開業したインドだが、まず注力したのは広い国土を鉄道で結ぶことだった。

　つまり、中・長距離移動に資するインフラは、早い段階から整備されていたわけだ。しかしその一方で、日々の通勤に利用できるような比較的短距離の鉄道路線網が未整備なままだったのだ。

　また、特にここ30年ほどのインドは、目覚ましい経済発展を遂げ、人口

が急増している。これにともない、都市部にはオフィスビルをはじめとする建造物が飛躍的に増加した。

立ち並ぶオフィスビルのなかをメトロが通る新都心(グルガオン)

当然、都市にオフィスが集積して産業が活性化すれば、そこに人やモノも集まるようになる。ところが、日常の通勤の足として利用できるような移動手段となると、自家用車やバス、リキシャなど、道路上を走る乗り物しかない。この結果、主要な幹線道路は渋滞が常態化。さらには排気ガスの大量発生による大気汚染も深刻化してしまったのだ。

こうした諸問題に対する有効な打開策となるのが、郊外と都市を結ぶような比較的近距離の鉄道敷設だ。ただし、都市中心部にはすでに建物が密集して建っているため、新たに線路や駅を建設する余地がない。そこで、地下鉄に焦点が当てられるようになったわけだ。

日常の移動手段であるバス(左)とオートリキシャ(右)

現在のデリーの深刻な大気汚染

本書の構成

　本書を読み進めるうえで最低限踏まえておいていただきたい基本情報に触れてきたが、以降の本書の構成について概略を紹介しておく。

● 第1章

　円借款事業の代表事例となったデリーメトロの開発プロジェクトを中心に、デリーメトロをモデルケースにしてインド国内各都市に広がったメトロプロジェクトの概要を紹介する。

● 第2章

　私が、土木分野のエンジニアとしてインドのプロジェクトに関わることになるまでには、さまざまな紆余曲折や、奇跡のような出会いがあった。ここでは、私自身の足跡について紹介する。

● 第3章

　私は、地下鉄を開通させるという職務だけでなく、建設現場において自身が直面した問題や課題の解決に向けた取り組みにも注力した。政府開発援助（ODA）においては、単に相手国のリクエストに応じるだけでなく、知見・経験があるからこその提案も重要だと考える。その事例として、メトロの工事現場を対象として、新規の技術を用いて実施した安全対策や環境対策について紹介する。

● 第4章

　私が本書を執筆しようと思い立った動機の一つに、一人でも多くの若い人に、同じ道を志してほしいという願いがある。当時、実務や大学講師を務めたことを通じて交流した大学生たちとのやりとりや、建設コンサルタントという仕事の魅力について紹介する。

● Short Story

　諸外国で生活をすると、文化や風習、国民性の違いから、日本人としての常識が通用しない場面に数多く遭遇するものだ。そんな経験談を披露すれば、より興味を深めていただけると考え、番外編「Short Story」としてまとめた。ユーモラスな内容が多いので、こちらもぜひご一読いただきたい。

補足説明：円借款

　開発途上国の社会・経済の開発を支援するため、政府をはじめ、国際機関、NGO、民間企業などさまざまな組織や団体が経済協力を実施している。これらの経済協力のうち、政府が開発途上国に行う資金や技術の協力を**政府開発援助**（ODA：Official Development Assistance）という。

　ODAには、日本が開発途上国を直接支援する**二国間援助**と国際機関を通じて支援する**多国間援助**がある。そして、二国間援助は、「**贈与**」と「**政府貸付**」に分けられる。

　「贈与」は、途上国に対して無償で提供される協力のことで、「**無償資金協力**」と「**技術協力**」がある。一方、「政府貸付」とは、将来、途上国が返済することを前提としたもので、「**有償資金協力**」がこれにあたり「**円借款**」とも呼ばれている。

　この円借款は、開発途上国が発展していくために必要な開発資金を貸し出すというもので、途上国は、後で借りた資金を返済する義務を負っている。ただし、貸し出すといっても金利は低く抑えられており、返済期間も長く設定されている。さらに、一部のアフリカ諸国など所得が低い国を対象に、無利子に限りなく近い「0.01％」金利も用意されている。つまり、途上国にとっては非常に緩やかな条件になっている。

　途上国が経済的に自立していくためには、経済社会の基盤、つまり**インフラの整備**が重要である。こうした"発展に欠かせないインフラ"を整備することなどに活用されているのが円借款である。そして、この円借款という形態の援助は、日本のODAの特徴にもなっている。

　もう一つ、円借款の重要な特徴は、途上国自身が事業として取り組む**オーナーシップ**（自発性）を育むという点である。途上国側から見れば、借りたお金で国の社会や経済の発展を目指したプロジェクトを行うことが、一生懸命に開発に取り組むことにつながっていき、プロジェクトに対するオーナーシップが生まれるわけだ。

　現在のアジア地域の発展に、この円借款を活用したインフラ整備というものが果たしてきた役割は大きいと考えられている。

第1章

首都・デリーから始まったメトロブーム

プロローグでも触れたが、経済改革制度が本格導入されたことで、インドの成長は1990年代から急加速しており、その勢いは現在にいたっても陰りを見せずに継続している。

特に成長著しいのが道路網や電力網などのインフラ整備だが、なかでも象徴的なのがメトロ工事だ。1997年に始まった首都デリーにおけるメトロ工事の成功は、従前の国内常識を覆す原動力となり、国内のさまざまな都市におけるメトロ整備へと広がるきっかけにもなった。

本章では、デリーのメトロプロジェクトを中心に、インドの工事現場における安全と工期に関する常識をいかに覆し、その成功によりインド国内に広がった、各メトロプロジェクトについて紹介していく。

デリー高速輸送システム建設事業が始動[1]

インドの首都・デリーには、もともとインドの国有鉄道によって鉄道網が敷設されていた。しかしこれらは、国内の他の都市との間を結ぶ長距離の旅客・貨物輸送を目的にしたもので、都心部と郊外とを結ぶ通勤用の鉄道は未整備だった。

一方、加速度的な経済成長の影響で、個人の自家用車が急速に増え、都心部では交通渋滞が激化。この影響で、公共交通機関であるバスは遅延が常態化し、排気ガスによる大気汚染も深刻化した。

こうした問題の打開策として検討されるようになったのが、高効率で時間に正確な「大量高速輸送システム」すなわち地下鉄の構築だ。

その第1フェーズ（第1期工事）に位置づけられたのが現在の1号線～3号線、地上4.5km、地下13.2km、高架鉄道47.4kmからなる鉄道だ。日本では、地下鉄というとほぼ地下に建設されているが、インドにおける地下鉄（メトロ）は、高架部が6割以上を占めている。

---

1) JICAによる円借款事業が始まった1997年当時、公共交通はバスと在来線が主であったため、それに比べて「速い」ということで「高速輸送」という言葉がプロジェクト名に使われた。

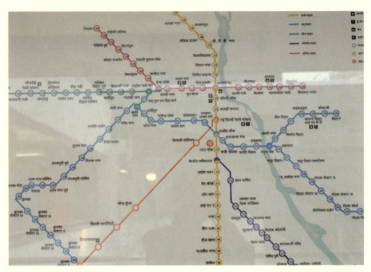

デリーメトロの地下鉄路線図　　　　　　　　　　　　　写真提供：船尾 修（JICA）

　インド政府から要請を受けた日本政府は、メトロ建設にかかわる資機材、土木工事車両、システムおよびコンサルティングサービスの調達資金として、147億6,000万円の円借款を決定した。1997年2月に、OECF（海外経済協力基金、現JICA）総裁とインドの駐日特命全権大使の間で調印がなされた。

　工事の事業主となったのは、この事業のために新たに設立されたデリーメトロ公社で、その初代総裁に就任したのは、スリダラン氏だ。かつて、インド初の地下鉄・コルカタメトロの施工時に技術者として従事した経験を持つ同氏は、当時を振り返って次のように言う。

　「私は、技術者として駆け出しのころから日本の鉄道技術に注目していました。その水準の高さを目の当たりにしたのは、コルカタメトロの工事に副技師として携わっていたころです。東京開催のセミナーに参加した際に、初めて日本の地下鉄を見ました。車両はきれいで、車内は大変明るく、何百万人もの人が利用しているのに、まったく遅れることがない。驚愕

の連続でした。少しでも多くのノウハウを吸収したいと思った私は、東京メトロのエンジニアの方々と会うために、親戚からお金を借り集めて滞在期間を延長したくらいです」

デリーメトロ公社初代総裁のスリダラン氏

　母国に東京メトロのような地下鉄をつくりたい――以前にも増して想いを強めたスリダラン氏は、インド政府からデリーメトロ公社の総裁就任を打診された際、条件を出したそうだ。

　「公社の事業運営について、政府は一切干渉せず100％私の判断に委ねるという条件です。我が国の旧態依然としたやり方のせいで、コルカタメトロは着工から開業まで20年以上もかかってしまいました。スピーディに事業を進めつつ、クオリティの高いインフラ整備を実現させるには、日本の優れた手法を積極的に取り入れる必要があります。大胆な決断を要する場面が多くなるはずですが、そのためには大きな裁量を担保してもらう必要があると考えたのです」

スリダラン氏の主導で日本のコンサルタント会社が選ばれる

　政府に、自身の権限を約束させたスリダラン氏は、さっそくコンサルタントの選定に取りかかる。

　「日本からインド政府への円借款が正式に決まると、プロジェクト推進を取り仕切るコンサルタントとして、ドイツ、アメリカ、日本の会社が名乗りを上げました。特にドイツは、インド政府に対してかなり熱心に売り込んでいたようです。このためインド政府は、事前に干渉しないと約束したにも関わらず、ドイツの会社を強く推してきたのです。私は、政府の推挙を退けて日本のパシフィックコンサルタンツインターナショナル（後にオリエンタルコンサルタンツグローバルに業務移譲）をパートナーにするべきだと主張しました。地下鉄建設に関するノウハウは、日本がもっとも優れていると思ったからです。また、建設コンサルタントに業務委託するうえでは、当然、円借款で調達した資金を投入します。円借款の窓口であるJICAと同じ国に属する会社であれば、連携がよりスムーズになるはずだという期待もありました」

　ここで、地下鉄整備における建設コンサルタントの役割について説明しておこう。例えば日本の東京メトロであれば、地下鉄工事に必要な知見を十二分に有している。工事入札を実施する際の条件設定や、各建設会社の応札内容が適切かどうかの判断、工事発注後の施工監理などについては自社で対応可能だし、外部委託する場合でも必要なシステムが整っている。

　一方で、プロジェクトが決定した時点のデリーメトロ公社を見てみると、職員の大半が地下鉄工事に関わった経験すらない。当然、必要な知見も不十分で、自分たちだけでは何をどう進めるべきなのかも分からないという状態にあった。このように、知見やノウハウを有していない事業主に代わって、全体を統括しながらプロジェクトを推進していくことが建設コンサルタントの役割になる（P.27下図）。スリダラン氏は、次のように述べる。

　「開発途上国にとっては、プロジェクトを完遂させるだけでなく、経験を通じて自国の能力を高めることも重要な課題になります。建設コンサルタン

トには、必要業務の代行にとどまらず、いずれ私たちが自立できるような指導・教育も求めたい。デリーメトロ公社のパートナーとして日本の建設コンサルタントを選んだのは、世界トップレベルの地下鉄網を有した国の会社として、その優れたノウハウを伝授してほしいという期待もあったのです。

　実際、この考え方は正しかったと思っています。例えば、フェーズ1で委託した日本のコンサルタントは、デリーメトロ公社のエンジニアを8人も預かって、自社の社員と同じように熱心に訓練や教育を施してくれました。おかげでこの8人は、後にインド国内のさまざまな重要なインフラ整備において要職に就き、事業の牽引役として活躍しています」

　建設コンサルタントは、エリートである高位のインド人エンジニアを指導する。そして、建設コンサルタントの指導を受けたインド人エンジニアは、自身の管轄下にあるエンジニアやワーカーを指導するといったかたちで、レベルの底上げを図るわけだ。このスタイルは、デリーメトロのフェーズ1以降、各都市のメトロ事業にも連綿と引き継がれている。

デリーメトロの相関図

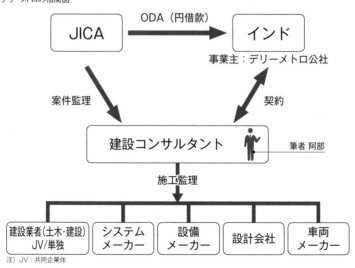

デリーメトロの各フェーズ関連年表

	デリーメトロ		
	フェーズ1	フェーズ2	フェーズ3
1997年	1997年2月～ 2006年11月 3路線 市中心部から放射線状に伸びる路線網を整備 約65km		
2000年			
2005年			
2010年		2006年3月～ 2010年12月 6路線(うち3路線は延伸) 市中心部から放射線状に伸びる路線網を整備 約83km	
2015年			2012年3月～ 2020年10月 内環状線および外環状線を整備 約116km
2020年			

スリダラン氏のコメントと重複するが、私自身も、開発途上国のプロジェクトにおける建設コンサルタントの究極のミッションとは、ノウハウを伝授することにあると考えている。

「もう十分に分かったし習得できたので、今後の地下鉄建設において建設コンサルタントは不要です」——地元の人たちに、こんな風に言わしめて初めて、私たちは任務をまっとうできたといえるのだ。

日本企業とスリダラン氏がもたらした革新① 『安全』

私自身がインドに赴任したのは、デリーメトロプロジェクトのフェーズ2（第2期工事）からだ。着任して工事現場を初めて見たときには愕然とさせられた。

現場を囲うフェンスはところどころ破損しているし、現場を行き交うワーカーが安全ベストの下に着用しているのは、ボロボロの私服。そんなワーカーが数人がかりで鉄筋を担いで運ぶ足元には資材や廃材が散乱していて、転んでしまうのではないかとハラハラさせられる。何よりも安全を重んじる日本では考えられないような、文字どおりの"カオス"状態が展開されていたのだ。

フェーズ1のころから駐在している日本人スタッフに、率直な感想を述べると「当初を思えば、これでもかなり進歩しているんですよ」と笑って返され、改めて驚かされるはめになった。

カオス状態の一般の工事現場の様子

フェーズ1で施工を担ったのは、地下鉄工事に関する高度なノウハウを有した熊谷組（日本）、インドにおける豊富な事業経験を持つスカンスカ社（スウェーデン）、インド国内有数の建設会社であるHCC社からなるJV（共同企業体）だった。当時、熊谷組の社員として現場責任者を務めた芳川久洋氏は、工事が始まったころの様子について、次のように言う。

　「日本の工事現場では、頭部を守るヘルメット、遠くからでも存在や属性を判別できる安全ベスト、つま先が金属で保護された安全靴という安全3点セットの着用は、基本中の基本です。しかし、インド人ワーカーの多くはヘルメットなどかぶらないし、服装にしても普段着のままです。安全靴を履くところか裸足で歩き回っている者も珍しくなくて、一般人がまぎれていても見分けがつかない状態でしたね。

　また、工事箇所をフェンスで囲み、関係者以外が立ち入れないようにするという考え方もない。作業しているわきを、普通に一般の歩行者が横切ったりしていてね。高所作業用の足場は強度に不安が残る竹製だし、どこから正していけばいいか途方に暮れるようなありさまでした」

　そんななかで芳川氏は、まず安全3点セットの着用を徹底しようと、一括購入してワーカーに配布するところから着手した。ところが、関係者全員に支給したにも関わらず、一向に着用者が増えない。ワーカーをつかまえて着用しない理由を聞いてみると、「せっかく新品をもらったのに、現場で汚してしまったらもったいないでしょう」と、当然だと言わんばかりに答えたのだという。つまり、3点セットを支給されたワーカーたちは、後生大事に自宅で保管していたのだ。

　この事態を受けて芳川氏が考え出したのは、3点セットを着用していない者は現場に立ち入らせないという強硬策だ。現場に入れなければ、当然、作業に従事できないので日当をもらえない。稼ぎたければ、きちんと支給した3点セットを着用しなさいというわけだ。ただし、下請けの地元建設会社の雇用契約に踏み込む話なので、いくら熊谷組がJVのリーダーでも、

一存で決められるものではない。芳川氏は事業主であるデリーメトロ公社に提案した。公社は、すぐに意義を認め、同意してくれたそうだ。こうして、ワーカーたちの収入に直結する新たなルールが導入され、安全3点セットの着用習慣は急速に浸透していった。

安全3点セット（ヘルメット・安全ベスト・安全靴）

芳川氏が次なる課題に選んだのは、フェンスの設置や金属製の足場の導入だ。

「これらは、デリーメトロ公社に頼んで工事の基準書に明記してもらい、下請けの建設会社に義務づけることで対処しました。基準書の指定に従わなければ、やはりお金は支払われません。おのずと言うことを聞いてもらえるようになったわけです。阿部さんが驚いたと指摘なさるように、フェンスが破れていても平然と放置するなど、改善の余地は多々残されていますが、それでも"工事現場はフェンスで囲うものだ"という基本を知ってもらえただけで、大きな進歩なんですよ（笑）」

加えて、芳川氏は雇用の仕組みにもメスを入れた。

「一つが、労災保険への加入です。初期のころ、下請けに入っている地元建設会社の大半は、労災保険に加入していませんでした。10数億もの人口を擁し、貧困層がひしめく状況下では、条件が整っていなくても、いくらでも労働力を確保できてしまうんです。たとえ死亡事故が発生しても、1人当たり日本円にして数十万円の補償金を支払うだけで済んでいたようです。保険料より、死傷事故が起きたときに支払う補償金や治療費の方がずっと安く済むわけですから、労災保険など入りませんよね。私は、この件についてもデリーメトロ公社にかけあいました。彼らのほうでも問題を深刻に受け止めてくれて、もっと意識を高めてグローバルスタンダードに近づけなければという話になりました。そこで、デリーメトロの現場における補償金の設定を従来の10倍くらいに引き上げてもらったのです。その結果、保険に入ったほうがいいと判断する会社が続出して、労災保険への加入体制が急ピッチで整備されたのです」

また、安全管理に関するペナルティや褒賞制度も設定したそうだ。ルールを守らなければ罰則を科し、逆に周囲の手本になるようなワーカーには褒賞で応える。こうすることで、浸透を図ったわけだ。芳川氏は続けて言う。

「安全管理の大切さを認識していない人たちが相手ですから、元請けの建設会社が騒ぐだけでは、まったく響きません。最大の権限を持つ事業主、指導にあたるコンサルタント会社、現場に近い建設会社の3者が目標を共有し、断固とした姿勢を示すことが重要なんですね。対象となるワーカーは無数にいるわけですから、場合によっては荒療治と思えるような強硬策も必要になります。水は低いところに流れるといいますが、3者のうち1者でも妥協してしまえば、下請け会社やワーカーは、楽で安上がりな道を選択してしまいますから。

デリーメトロプロジェクトでいえば、事業主であるデリーメトロ公社から理解・賛同を得られたことが大きかったですね。そして、折につけ同社が私たちの呼びかけや提案に応えてくれた背景には、日本の技術やノウハウを

優秀な手本と捉えてくださっているスリダラン総裁の存在がありました。私たちからの提案は、長く続いてきたインドの慣習を塗り替えるようなものばかりでしたが、総裁は真摯に私たちの話に耳を傾け、常に改善に積極的な姿勢を示してくださいました。トップが進んで改革に乗り出せば、現場はおのずと変わっていくものなのだと実感できましたね」

この話を聞いた私は、当初の印象を改めた。ゼロを1にする苦労に比べれば、少なくとも1の状態を維持する方がたやすいはずだ。フェーズ2の担当としては、フェーズ1で芳川さんたちが苦心して築いた財産を無にするわけにいかない。第3章では、私が主導した安全対策や環境対策について紹介するが、これを実現できたのも、フェーズ1で土台が培われていたおかげによるところが大きい。改めて、フェーズ1の関係諸氏には感謝と敬意を表したい。

日本企業とスリダラン氏がもたらした革新②『工期』

安全に対する意識の低さと同じくらい、我々の頭を悩ませたのが、インド人の時間に対する感覚だった。例えば工事の予定期間が5年だった場合、1、2年の遅れは当たり前という"常識"が根づいていたのだという。これには、従前の事業主と建設会社の契約形態が影響しているというのが、我々コンサルタントと請け負った建設会社双方の見解だ。

建設業界における契約には、請負と直庸がある。請負の場合、事業主が元請け会社に一定の裁量を与えて任せる代わりに、元請けの建設会社は仕上げの程度や範囲、期限などの約束を守ることとなる。一方、直庸で業務委託を受けた建設会社は、投入する重機の種類や数、ワーカーの割り振りなど、細かな点まですべて雇い主からの指示に沿って動いていく。仕上がりのクオリティや範囲はともかく、進捗管理は雇い主側の責任になるのだ。

そしてインドでは、長いこと、事業主が直庸で小規模の建設会社を多数雇い、それぞれに指示を出すというパターンが主流だった。

その典型例が、インド初の地下鉄・コルカタメトロの建設だ。総延長約

20kmに対し、130もの小規模建設会社が事業主から直庸で雇われたのだという。結果、全体を俯瞰しながら効率的にコントロールすることがかなわず、20年以上もの時間を要してしまったわけだ。

一方、デリーメトロのフェーズ1のうち、とある8kmの区間では、2つのJVだけで担当した。コルカタメトロに比べれば、はるかに効率的だったが、それでも当初見込んでいた1年では終わらず、完成は予定から3カ月ほど遅れてしまった。デリーメトロ公社の職員の多くは、JVがベストと考える工事の進め方に許可を出さず、工法や下請け会社の投入法など、何についても細かく指定してきたのだという。しかも、その指示の多くは、現場の実情に見合っていなかった。請負案件であるにも関わらず、事業主が細かな点にまで指示を出し、その指示が的を射ていないとなれば、遅れが出るのは必至だ。

その際、コンサルタントと建設会社の責任者は、スリダラン総裁から呼び出されて叱責されたそうだ。

「支払いが高くつくにも関わらず、私たちは日本企業をリーダーにしたコンサルタント、共同事業体に任せた。あなたたちなら、期限を厳守しつつクオリティの高い工事を実現してくれると期待したからだ。それなのにこれはどういうことだ!」

日本のコンサルタントと建設会社は、遅れが生じた理由について先述のような事情を説明した。話を聞いたスリダラン総裁は、即座に思い切った対応を約束した。

「君たちに3カ月の猶予を与えよう。これからの3カ月間は、うちの職員には一切口を出させないと約束するので、結果を出して見せてくれ」

建設会社JVは、公社に過剰に介入されることなく、次期の工区では見事に約束を守って見せた。スリダラン総裁の命を受けて黙って見ていたデリーメトロ公社の職員たちも、請負で委託した相手に裁量を預けることの意味や成果のほどを認識し始める。もともとエリート層だけあって、ひとたび納得すれば、アクションへの転化は早いのだ。次第に、デリーメトロ公

社側も効率を重視するようになり、気がつけば、会議場では「KOUKI（工期）」という日本語が頻繁に飛び交うまでになったのだ。

この結果、初期は遅れが目立ったフェーズ1の工事は、2006年11月の3号線の一部開業をもって完了する。最終的には、予定より7カ月も早く完成を迎えたことになる。従前のインドの常識に照らせば驚異的といえる期間短縮を実現させたわけだ。

私自身がデリーメトロの次に従事したバンガロールメトロで、コンサルタントチームの副総括として、インド人のトップを務めていたバラクリシュナ氏は、プロジェクトや工事の進め方に関するインドと日本の違いについて、次のように指摘する。

「違いはいろいろあると感じていますが、特に大きいのは、時間に対する感覚ですね。インドは、なににつけても意思決定や手続きに余計な時間がかかります。しかし、他国を見たことがないローカルスタッフにとってはそれが普通なので、なかなか問題意識を抱くまでにはいたらない。工期などあってないようなものだという認識が浸透してしまった大きな要因だといえるでしょう」

私自身痛感してきたが、これはどのような現場でも必ずついてまわる問題だ。プロジェクトを工期内に完了させられるかどうかは、インド人関係者の時間に対する考え方を、いかに改善できるかにかかっているわけだ。そんななかでデリーメトロが目覚ましい実績をあげることができた理由について、同氏は続けて言う。

「スリダラン総裁が、スピーディかつ果断にさまざまな意思決定を下したことにあると思います。日本で地下鉄事業について学んだ経験の賜物でしょう。私も今から25年ほど前にJICAの研修に参加したことがあるのですが、やはり日本のプロジェクトの進め方や日本人関係者の姿勢には大きなカルチャーショックを受けました。日本人は、時間に対する意識だけでなく、規律を守ろうとする意識も高いし、品質や安全性に関しては妥協しません。我がインドは大きく遅れをとっているということを実感させられました。

バンガロールメトロプロジェクトに携わることになった際は、我が国の人材にも、日本人の優れた姿勢を学び取ってもらわなければと思っていました。実際、同じプロジェクトに一緒に臨むことで、大いに刺激を受け、多くを学べたことと思います」

　実をいうと、私はこのコメントに驚いた。3年間バンガロールメトロプロジェクトに従事してきた身としては、期限や規律に対する意識を改善できたとは、とても言えないと思っていないからだ。それでも、バラクリシュナ氏からすれば、「大いなる刺激を受け、多くを学べた」となるようだ。問題点を自覚してもらえるようになっただけでも、前進と捉えるべきなのかもしれない。

　「現在、インド各地でメトロプロジェクトが進んでいますが、現場からもっとも離れた立場にある政府ですら、"建設プロジェクトはスケジュールに沿って進めることが大前提"と捉えるようになったと感じます。工期に関する考え方の大転換には、日本の影響によるところが大きいと思いますね」

　こうしたバラクリシュナ氏の発言を裏付けるのが、やはりバンガロールメトロで苦楽を共にしたエンジニアのサイモン氏だ。

　「日本が資金面にとどまらずノウハウ面でもサポートしてくださったおかげで、多くを学び吸収することができました。これはとても大きな財産になっています。

　バンガロールメトロは、フェーズ1で計画していた全42.3kmが2017年6月

バンガロールメトロでの開通式（2017年6月）

に開業しましたが、約半年が過ぎた時点で、信号機故障による10分程度の遅延が一回起きただけです。これは、従来のインドでは考えられないような精度の高さです。開業翌日から各駅には多くの人々がつめかけましたが、今では毎日40万人以上もの人がメトロを利用しています。工事の完了後、運行管理に従事している私たちは、工期を守って一日も早く市民に利便性を供与することの意義や、品質の高い工事によって定刻運行を実現させることの大切さを日々実感しているのです。

　この成功体験は非常に大きい。フェーズ2においても日本から得た教訓を活かしていきたいと思っていますが、プロジェクトに関わったインド人の多くが想いを共有しているはずです。

　マダム・アベに叱られなくても、我々だけできちんとプロジェクトを推進できるようになったのだと証明したいですね（笑）」

フェーズ1の成功により、インド各地のメトロ事業が始動

　デリーメトロフェーズ1の成功を受け、インド国内では、複数のメトロ事業が動き出した。円借款が実施された主な案件を紹介していく。

円借款で実施されたメトロプロジェクト

①デリーメトロ　フェーズ2（第2期工事）（2006年3月～2011年12月）

　先述のとおり、私の赴任のきっかけとなったプロジェクトである。フェーズ1で開通した1号線～3号線のさらなる延伸、4号線～6号線および空港線の新設が計画された。これにより、デリー市の中心部から放射状に路線網が広がることになる。

　フェーズ2の総延長は、地上・地下・高架合わせて128.1kmで、これにフェーズ1の完成部分を加えると、190kmを超える。これは、東京メトロの地下鉄路線の総延長（約195km）とほぼ同じ距離だ。フェーズ1の着工が2001年で、フェーズ2の施工区間の全線開業は2011年。わずか10年で東京メトロに追いつくという脅威の開発スピードだ。

　また、関係者の日本人比率が大きく下がるなか、フェーズ1で築いた安全への意識を維持向上させることも大きな使命となった。詳しくは第3章で改めて紹介するが、私はこのフェーズ2において、工事現場における安全対策として日本の大学が開発した技術の導入を実現させることができた。

出所：デリーメトロ公社

②デリーメトロ　フェーズ3（第3期工事）(2012年3月〜2020年10月予定)

　フェーズ1とフェーズ2で、デリー市の中心部から放射線状に伸びる路線網が整備されたが、フェーズ3では、放射線状に延びた各路線を環状に結び、ネットワークをさらに緊密化することが目標となった。現地では、内環状線と外環状線、総延長約103km（後に約116kmに変更）の大量高速輸送システム建設が進行中で、延長線や一部の区間を除いて2018年秋までには完成予定である。

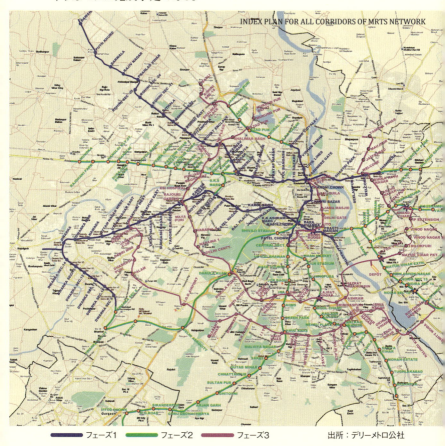

　　　　フェーズ1　　　　フェーズ2　　　　フェーズ3　　　　出所：デリーメトロ公社

③バンガロールメトロ（2006年3月～2014年6月）

　インド南部にあるカルナタカ州の州都バンガロール市を含む都市圏で計画された事業。バンガロール市は"インドのシリコンバレー"と呼ばれていて、多数のIT関連企業をはじめ、電子機器メーカーや日本の大手自動車メーカーなどが進出している。インド国内でも急速に発展を遂げた都市の一つである。私自身も、デリーメトロフェーズ2のコンサルタント業務を終えた後、品質管理担当としてバンガロールメトロプロジェクトに関わった。東西線（約18.1km）・南北線（約14.9km）の2路線からなる総延長約33kmが計画され、2007年にはこの2路線の延伸も決定し、最終的には総延長約42kmが開業している。

出所：バンガロールメトロ公社

バンガロールの地盤は非常に硬いうえに地質が均一でないため、工事中は、幾度も難局に遭遇した。例えば、硬い地盤を掘削するためには、火薬類を使って岩盤を破砕する発破工法が効率的だが、この工法は、都市部では厳しく規制されていた。関係する役所の各セクションから同じような書類の提出や説明を幾度も求められるなど、許認可を取り付けるまでには大変な思いをした。ようやく許可をとりつけて工事に着手できたと思ったら、今度は土の中から大きな玉石が顔を出し、排除のために時間や手間がかかったり、硬い岩に阻まれて運行不能に陥ったトンネル掘削マシンを地中から"救出"する作業が生じたりと、幾多の想定外に出くわすことにもなった。さらに、バンガロールメトロでは、デリーメトロで導入した安全対策の1つであるOSV（計測の見える化）に加え、インド初となる工事現場でのスマートフォンを用いた粉塵計測の仕組みの導入にも取り組んだ（詳しくは第3章で紹介する）。さまざまな場面で多大な苦労をともなったため、私にとっては思い入れの強いプロジェクトの一つとなっている。

プロジェクトスタッフとの打合せ

工事を手間取らせた硬い地盤

④コルカタメトロ (2008年3月〜2014年10月)

　インド東部に位置する、西ベンガル州の州都コルカタが計画地。インド東部の政治・経済の中心地で、インド国内ではムンバイやデリーに次ぐ第三の人口過密都市だ。インドにおける地下鉄発祥の地としても知られている。デリーメトロ公社のスリダラン総裁がかつてエンジニアとして関わったのはコルカタメトロの南北線で、1995年に全線開業した。ただし、その後のインフラ整備は立ち遅れている。道路面積の割合が6％と、インドの他の主要都市と比べて極端に低いため、市内の交通渋滞は特に深刻だ。本事業では、新たに市内を東西に貫く総延長約13.7kmが対象で、2014年10月に開業している。

⑤チェンナイメトロ (2008年11月〜2016年8月)

　インド南部に位置するタミル・ナド州の中心都市チェンナイにおける大量高速輸送システム整備事業。チェンナイ都市圏の人口は、1981年時点の450万人から2011年現在で870万人にまで増大していて、インド国内でも第4位となっている。また、人口が多いというだけでなく、チェンナイ市の人口密度は1km²当たり2万4,000人で、世界的に見てもトップクラスの人口過密都市となっている。他の都市同様、自動車登録台数の伸びも著しいため、市内主要道路では平均15km/hと、渋滞も深刻化していた。

　1・2号線の2路線が計画され、高架区間約18.4km、地下区間約25.2km、総延長約43.6kmが整備され、従前のバスなどに代わる新たな足として機能している。

第1章 首都・デリーから始まったメトロブーム

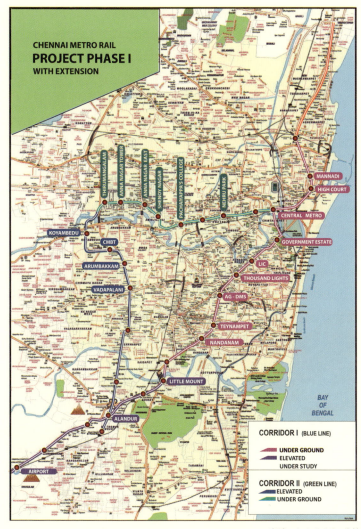

出所:チェンナイメトロ公社

⑥ムンバイメトロ(2013年9月〜2019年4月予定)

　インド西部に位置するマハラシュトラ州の州都ムンバイ市が計画地。ムンバイ市はインド最大の都市で、人口密度は2011年時点で1km²あたり2万694人。チェンナイと並んで世界トップクラスの人口過密都市になっている。

　他の都市同様、自動車の急増による交通渋滞の慢性化は深刻だが、用地不足から道路網の拡充は困難な状況にある。このため、南部のアイランド・シティ地域とムンバイ国際空港、宅地開発が急速に進む西部を結ぶ地下鉄の整備が進められている。

⑦アーメダバードメトロ(2016年3月〜2020年6月予定)

　インド西部に位置するグジャラート州内最大の都市アーメダバードにおける大量高速輸送システム事業。2001年からグジャラート州首相に就任したナレンドラ・モディ氏は、積極的なインフラ投資と外資誘致政策を展開。同氏は2014年にインドの首相に就任したが、その後もアーメダバードは目覚ましい経済成長を続けていて、日系企業だけで2015年1月時点で220社も進出している。そして、経済成長による都市化の進展に伴い、アーメダバード市の人口は1991年の342万人から2011年時点で559万人へと増加。これにともない、車両の登録台数も2002年の129万台から2014年には336万台と3倍近くに急増している。このため、交通渋滞や排気ガスによる大気汚染が深刻化し、鉄道整備による解決が喫緊の課題となっている。この打開策として2路線・総延長約38kmの鉄道整備が計画され、現在建設が進められている。私は、バンガロールメトロの後に、本事案にプロジェクトマネージャーという立場で携わっているが、本書の執筆時点も継続中で、2020年までの開業を目指して奮闘しているところだ。

第 1 章 首都・デリーから始まったメトロブーム

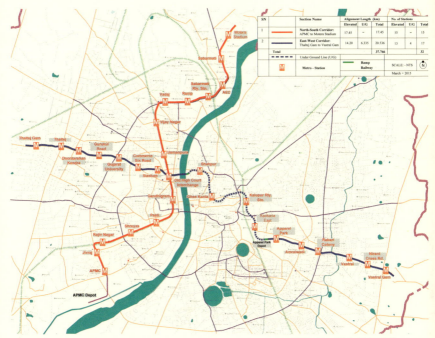

出所：アーメダバードメトロ公社

地下鉄工事の流れ

地下区間

地下駅掘削状況

トンネルボーリングマシン

トンネル入口

トンネルボーリングマシンでトンネルが貫通した様子

トンネル坑内

地下駅構築中

第1章　首都・デリーから始まったメトロブーム

高架区間

高架橋構築中(キャンチレバー方式)

高架橋構築中(ランチングガーター形式)

高架駅構築中(コンコース階)1

高架駅構築中(コンコース階)2

高架駅構築中(プラットフォーム階)

車両基地

第2章

女性土木エンジニアはこうして誕生した

近年、「女性活躍推進法」が成立するなど、日本では女性がより活躍できるような労働環境の整備が進められている。しかし、私が大学生・若手社会人だった1980年代の世の中はまったく違った。なかでも、土木建築業界は男性社会の代名詞のような世界で、そこに入り込んだ私は異分子そのものだった。そんななかで土木エンジニアとして独り立ちできるようになるまでには、さまざまな紆余曲折があった。そこで本章では、インドにいたるまでの私の足跡を紹介したい。

私にとっては"残された道"だった土木分野・トンネル工学

今からさかのぼること40年以上前、高校生だった私は、英語がえらく苦手だった。その一方で数学は得意だったので、大学受験を控えて目標を定める際には、おのずと理系を目指すことにした。

せっかく理系に進むなら、形あるものをつくる仕事につながる分野で学びたいと考えた私の頭に浮かんだのは、ビルなどの建築物。そこで、工学部を希望した。第一志望は建築系だったが共通一次試験の点数が思わしくなかったため、山口大学の土木系学科に進学することになった。

この当時、理系というだけで女性比率が低かったが、土木系学科の女性は私1人だったと記憶している。ただし、私自身は特に違和感や寂しさを抱くことなく、3年間は普通にキャンパスライフを楽しんでいた。さらに言えば、高校時代の私は、建築分野と土木分野の違いを正しく理解していなかったが、大学で学ぶなかで、トンネルや橋梁が土木分野の対象であると知って、よりモチベーションを高めた。

少し話がそれるが、私は、幼少期に関門海峡トンネルを渡ったことがある。スケールの大きさに圧倒されていると、父が「大勢の人が苦労してつくりあげたんだよ」と教えてくれた。幼心に、これが人の手でつくられたのかと大層驚いたのだが、同時に「私も大人になったらこんなすごいものをつくってみたい」と思ったものだ。高校生のころはすっかり忘れていたのだ

が、幼少期に抱いた夢と関わりの深い分野に身を置いているのだと分かり、私は不思議な縁を感じた。

そんな私が、女性として最初の壁にぶつかったのは、4年生に進級するときのことだ。当時の山口大学では、4年次になると研究室に入ることになっていた。同期の男子学生は、橋梁建設やダム建設、都市計画など、興味がある分野の研究室の門をたたいて入っていったが、私はなかなか行き先が決まらなかったのだ。

後から知ったことだが、これには当時の社会情勢が影響していた。理系の場合、学生の就職先は研究室の教授が企業に推薦するケースが多かった。その一方で、このころの大手企業で女性の採用といえば、一般事務職が大半で、総合職として受け入れるケースは少なかったのだ。

各教授からすれば、私を研究室に迎え入れると、せっかく専門知識を身に付けさせても一般事務職として世に送り出すことになってしまう。いかにも忍びない話だが、かといって特に有効な打開策もない。つまり、就職先

紅一点であった中川研究室時代の筆者（前列右）

を世話する際にはお荷物になることが最初から分かり切っているわけだ。結果として、多くの教授が私の受け入れに及び腰になっていたというのが実情らしい。

そんななかで、唯一門戸を開いてくださったのが、トンネル工学を研究テーマになさっていた中川浩二教授（現・名誉教授）だった。今の私が地下鉄工事に従事できているのも、この時に中川教授がチャンスをくださったからだと思う。まさに、中川研究室が私のスタート地点になったわけだ。

世間が変わることに期待して大学院への進学を決意

今どきは、大学3年生のうちから就職活動を始める人も多いようだが、私が大学生だった当時は、大学4年生の春から夏にかけて就職先を探すのが一般的だった。

私も、中川教授のもとでトンネル工学について学びながら、土木建築に関する知識を活かせる仕事を求め、大手の建設会社を希望した。選択肢としては建設コンサルタントや官公庁も考えられたのだが、これらの職場ではデスクワークが中心になる可能性が高いだろうと思ったのだ。日ごろから、自分には現場で動き回るような仕事のほうが向いていると思っていた私は、建設会社にターゲットを絞った。

中川教授も、そんな希望に理解を示して数社に私を推薦してくださったが、企業側は関心を示さない。仕方なく、私は自ら就職先探しに乗り出したが、教授の人脈を頼っても通用しないのに、学生が自身で応募したところで道が拓けるはずもない。どの企業も、入社試験や面接を受けるチャンスすら与えてくれなかった。

そんな窮状を見かねた中川教授は、私に大学院への進学を勧めた。当時の日本は、いわゆるバブル経済のまっただなかにあり、世の中全体が好景気に勢いづいていた。大学院で学んでいる2年間のうちに、女性の雇用機会が広がるかもしれない。その可能性に期待しようというわけだ。

そして、せっかく大学院に進むなら、知見や人脈を広げておくべきだという理由から、より大きな都市にある大学を目指しなさいとアドバイスされた。

こうして方針転換した私は、神戸大学大学院の合格を勝ち取り、岩盤力学をテーマになさっていた櫻井春輔教授（現・名誉教授）の研究室に入ることになった。

大学院生活を通じ、私は単に学識を深められただけでなく、人脈を広げることもできた。詳しくは次章で触れるが、同じ研究室出身というよしみでさまざまな先輩と出会い、仕事における難局を切り抜けることにもつながられた。今にして思えば、中川教授のアドバイスに従っておいて本当によかったと心から思う。

教授の尽力で建設会社への就職が実現

もとはといえば、就職事情が好転することに期待して大学院に進んだわけだが、結果として、2年程度では状況はほとんど変わらなかった。

そんななかで再び就職活動時期を迎えたわけだが、やはり、現場に出て知識を活かしたいという想いに変わりはなかった。そこで私は、改めて自ら20社以上の建設会社に接触を図った。しかし、前の就職活動と同様で、大半の会社から門前払いされてしまう。たまに反応を示す会社もあったが、「一般事務職の枠でよければ受けさせてあげる」といった感じで、総合職の技術者としては就職を望めない状況だった。

これには、図太い私もさすがに心が折れた。櫻井教授には、総合職にこだわるのはあきらめますと言ったのだが、「一般職で入社すると、キャリアアップの道が閉ざされてしまう。後々、絶対に後悔するから、苦しくてもあきらめずに王道を行け」とおっしゃるのだ。

そう言われても、女性の自分が総合職として社会に出る余地が残されているとは思えない。「根性論で打開できる壁ではないのに……」と当惑していた。しかし、櫻井教授は、私に発破をかける一方で、元教え子が社

長になっていた建設会社の鴻池組にコンタクトをとり、「せめて面接のチャンスくらい与えてやってくれ」と頼んでくださっていたのだ。

当時社長だった鴻池一季氏（現・名誉会長）は、この時のことを次のように振り返る。

「ある時、土木部門の総責任者だった副社長から『神戸大学の櫻井教授が大学院生を推薦してきました』という報告を受けました。このころ、当社の土木技術部長が神戸大学で非常勤講師として教鞭をとっていたので、まずはどんな学生なのか内々に確かめてみることにしました。すると、その土木技術部長からは『土木分野にピッタリの人柄ですよ』という答えが返ってきました。

実をいうと、この時点で当社の新卒採用プロセスは終盤にさしかかっていて、一次・二次の面接をパスした学生に最終の役員面接を実施するというタイミングでした。それで、阿部さんに関しては役員面接を受けてもらってから判断しようということになったのです」

かくして、私は急きょ鴻池組の役員面接に臨むことになった。通常、就職活動に臨む学生は、複数社の選考を受けながら面接の経験を重ねていく。役員面接とは、トレーニングを積んできた成果を見せる最終関門になるわけだ。

しかし、それまで門前払いばかりくらってきた私にとっては、これが初の面接になる。何の訓練もしていないのに、いきなり役員が相手なのだ。しかも、他にチャンスは望めそうにない。感じたプレッシャーは並大抵ではなく、面接中は、文字通り頭が真っ白になってしまった。そんなわけで、何を聞かれ、どう受け答えしたのかまったく記憶にないのだが、本書の執筆にあたって改めて話をうかがった鴻池氏は覚えていらっしゃった。

「どうして土木分野に進んだのかと尋ねたところ、幼少期の関門海峡の想い出話を披露してくれました。男の子ならともかく、女の子がトンネルのスケールに感動して自分もつくってみたくなったという話など、聞いたことが

なかったので驚きましたね。

　先に、当社の土木技術部長が阿部さんについて『土木にぴったり』と報告してきたといいましたが、なるほどこういうことかと思ったものです。そして私自身も『この人は土木の仕事に高い適性があるに違いない』と思いました。こうして私たちは、阿部さんの採用を決断したのです」

女性としての真の試練が始まった

　あきらめかけていた道が思わぬかたちで拓け、喜びと希望に満ちて鴻池組への就職を果たした私だったが、女性であることの真の試練は、ここからスタートした。

　それまでの鴻池組は、土木分野で総合職として女性を採用した実績がなかったし、イレギュラーな経緯で私を採用することになった関係もあって、まったくといっていいほど準備が整っていなかったのだ。

　例えば事務所内では、一般職の女性社員は、制服着用が義務づけられていた。この延長線上という判断か、私は入社日に総務部の社員から制服を渡された。しかし、男性社員が支給されるのは、現場用の作業着だけだ。同期から聞いてこの事実を知った私は、制服を持って総務部にいき、「私は着ませんので」と返却した。当時の私としては、総合職の社員として他の男性社員と同様に扱って欲しいというささやかなメッセージで、特に反骨精神をあらわにしたつもりではなかったのだが、相手の受け止めは違ったらしい。後日、総務部に在籍していた同期社員から「『出社2日目で制服を突き返した女がいる』とウワサになっているぞ」と笑いながら報告された。今なら、いかにも攻撃的な立ち振る舞いに映っても仕方ないと思えるし、上司を通じて総務部に相談してもらうなど、ことを荒立てないようなやり方も思いつくのだが、いかんせん当時の私は社会人になりたての世間知らずだ。「単に不要なものを返しただけで"突き返した"と受け止められるなんて……」と、当惑しきりだった。

また、入社直後の新人研修の際には、鴻池組では自衛隊に泊まり込んで社会人としての基本姿勢や生活規則を学ぶというプログラムを実施していたが、女性1人を大部屋に放り込むわけにはいかないし、浴室やトイレなどの問題もある。私は会社での留守番を余儀なくされた。

　新人にはさまざまな現場を見学する機会が設けられていたが、当時の工事現場は完全に男の世界で、女性などいない。作業員のなかには、女性が現場に立ち入ることすら嫌がる人もいたため、私だけ見学させてもらえないケースが少なくなかったし、たとえ見学させてもらえる場合でも、まわりを同期の男性社員で固め、ヘルメットを深くかぶって顔を隠すよう命じられるというありさまだった。

　そして、当時の私にとってショッキングだったのが、自身が学んできてもっとも関心のあるトンネルの工事現場を見学させてもらえなかったことだ。先述したように現場の作業員に嫌がられたのだが、その理由は、単に女性に対応するのが面倒という話ではなかったのだ。

　日本では、山の神は女神だとされる。山間部に入って土木工事に従事する人たちの間では、女性が現場に立ち入ると、女神が嫉妬して山崩れを引き起こすという言い伝えが根深く浸透していたのだ。

　そして、私が学んできたトンネル工学を活かせる現場というのは山間部が中心となる。たとえ見学でも、女性の私が立ち入ると、現場の作業員から要らぬ反感を買ってしまうというわけだ。

　「今どき、そんな話が」と笑う読者もいらっしゃるだろう。しかし、工事現場というのは、常に危険と背中合わせだ。誰もが安全に神経をとがらせるなかにあって、古くからの言い伝えには、単に「迷信」と片付けられない重みがあるのだ。

　通常、研修を終えた理系出身者は、学生時代の研究テーマと関連が深いセクションに配属される。しかし、私が専攻していたトンネル工学を活かせる分野は、現場見学すら許されないほど女性が忌避される。最終的

に私が配属されたのは、地上から穴を掘り下げる開削という工法を対象とする部門で、担当は本社での設計業務だった。

もともと現場に出たくて建設会社を志望した私だったが、この時点では総合職として入社できただけでも幸運だと思っていたし、いずれは現場に出るチャンスも巡ってくるだろうと軽く考えていた。加えて、当時はバブル景気のまっただなかにあったため、会社の受注案件が多く、私の元には次から次へと仕事が舞い込んできた。社会に出たばかりでやることなすこと新鮮なうえに多忙を極めたこともあり、本来避けたかったはずのデスクワークに就いていても、まったく気にしていなかったのだ。

バブル崩壊を機に、海外留学に挑戦

当時の鴻池組では、若手社員は2～3年で異動となるのが普通で、ジョブローテーションには現場での施工管理業務や予算管理業務なども含まれていた。将来的に技術系の職務に就くうえでは、現場の実務・実情も経験しておくことが大切だという考えからだ。そんなわけで、同期の男性社員は異動を通じて着々と経験の幅を広げていたが、その一方で、私は入社以来、同じ部署で設計業務を担当し続けていた。人事部は、煙たがられやすい女性社員は本社でデスクワークに就かせておいたほうが無難だと判断したのだろう。

なお、当時の年配社員は、おおむね2タイプに大別できた。一方が、女性社員を「女の子」と呼んで優しく接するものの、決して男性職員と同等とは考えていないタイプ。そしてもう一方が、「女ごときに何ができる」という見下した態度があからさまなタイプだ。ところが、所属部署の人たちは、みんなどちらのタイプでもなかった。例えば上司から叱られた時でも「だから女は…」といった類のセリフを聞いたことはない。性別は度外視し、一個人として接していただけていることを実感できた。上司や先輩、同僚の誰もが、当時の社内では稀有な"第3のタイプ"だったのだ。これは、私

にとって僥倖(ぎょうこう)であったと同時に不幸でもあった。恵まれた環境下で働いていたため、社会情勢の変化に伴って自分の立場が危うくなっているのには気づかなかったのだ。

　そんななか、入社して5年ほど経過するとバブル経済が崩壊し、会社の受注案件は目に見えて減ってしまう。先々の見通しが厳しさを増すなか、私の将来に深刻な懸念を抱いてくださったのが、直属の上司だった小野紘一氏だ。

　当時の鴻池組には、社内で選抜試験を実施し、1年に1人の割合で社員を海外の大学院に留学させる制度があった。ある日、小野氏に呼び出された私は、この制度への挑戦を強く勧められたのだ。

　「海外に留学して、自分なりの武器を身に着けろ。さもないと、現場経験のないお前は早々に居場所を無くしてしまう」

　私は愕然とした。中堅になっても現場実務を経験したことがない点については、なんとなく焦燥や不安を感じていた。その半面、自分の年齢を考えれば、いずれは経験を広げるチャンスにも恵まれるだろうという希望的観測を抱いていたのだ。そんな折に、上司からの指摘で、自分が想像以上の窮地にあることを思い知らされたのだ。しかも、その打開策は、学生時代もっとも苦手としていた英語とあって、目の前が真っ暗になった。

　そんな私の動揺を知ってか知らずか、小野氏は「1年間だけ全面的にバックアップしてやるから結果を出せ」と言い放った。追い詰められた気持ちになった私は、社会人向けの予備校に通うことにした。

　ちなみに、予備校に入る際にはテストを受けた。担当のスタッフさんはとても丁寧に対応してくださったが、親切なスタッフさんをしても「この英語力で本当に海外留学を目指す気?」と言わんばかりの応対だったことを覚えている。それほど私の英語力は低かったのだ。「人生がかかっているし、猶予は1年しかない」と必死になって事情を説明すると、ようやく深刻さや本気度が伝わったようで、対策を考えてもらえた。1年しかないのならヒアリ

ングは捨て、とにかく単語を覚えることでグラマーの点数アップを目指すという戦略だ。

かくして、予備校通いと仕事を並行させる日々が始まる。夜が明けると同時に起床して、予備校の早朝講座を受けてから出社。定時でいったん仕事を切り上げさせてもらい、再び予備校で夜間講座を受ける。受講後はオフィスに戻って終電まで残務処理にあたるというハードスケジュールだった。今振り返ってみても、人生のなかでもっとも必死になって勉強した時期だったと思う。

なお、当時の鴻池組の海外留学制度では、社内選抜に通った後、1年以内に大学院を選んで受験することになっていた。しかし、英語が大の苦手で、しかもライバルは多数ひしめいているという状況下で、通常の流れに沿うつもりでいてはとても勝ち目はない。

そこで考え出したのが、自費で大学院を受験し、社内選抜の前に留学先の合格を取り付けてしまうという作戦だ。しかし、スタート時のレベルの低さと、1年という期間の短さを考えれば、どんなに頑張ってもアメリカの一流大学に合格するのは不可能だ。

私は、大学院時代の恩師・櫻井教授に相談を持ち掛けた。教授には、一般人にとっては海外旅行ですら縁遠かった時代に自費でアメリカに留学した経験があり、私の在学中には、精力的に国際会議を主催なさっていた。海外志向が強い櫻井教授なら、いい知恵を授けてくださるだろうと期待したのだ。私の話を聞いた教授の第一声は、やはり「今の君の実力では、アメリカの一流大学には行けないだろう」というものだった。そのうえで「特定分野にターゲットを絞り、その分野を得意としているヨーロッパの大学で学んだらどうか」と提案してくださった。大学院に入れる可能性が高まるだけでなく、後々の実務に役立つはずだというわけだ。そして櫻井教授は、トンネル工学に造詣の深いノルウェー工科大学を勧めてくださった。なお、当時の同大学は、海外からの留学生を迎え入れて英語で

講義するクラスの新設が決定したばかりで、受験するには絶好のタイミングだった。また、留学生のクラスを受け持つことになっていたアイナ・ブルック教授は、櫻井教授の友人とのことだった。さらにいえば、ノルウェーは当時から男女平等社会を実現していることで有名だった。さまざまな意味で自分にぴったりだと思えたため、私は勧めに従ってノルウェー工科大学にターゲットを絞り、なんとか合格を勝ち取る。直接聞いたことはないが、おそらく櫻井教授が口添えしてくださり、そのおかげによるところが大きかったのだと思う。

　その後、社内の選抜試験を受けたわけだが、人事からは「英語の点数は、制度をスタートして以来、最低だった」と言われた。言外に、早々にあきらめろというメッセージが込められていたのだろうが、こちらとしては人生がかかっているのだから、簡単に引き下がるわけにいかない。

　私は「他の人より大幅に短くていいので、面接を受けるチャンスだけは与えてください」と懇願した。こうして、なかば無理やり社長や役員との面接に臨んだ私は、必死になってすでに留学先を決めていることをアピールした。そして、最後に口を突いて出たのは、事前に用意していなかったセリフだ。

　「絶対に後悔させないので私を選んでください」

　結果として私を選んでいただけたわけだが、これには自分でも驚きだった。くどいようだが、それくらい私の英語力は低かったのだ。後で人事担当者に理由を聞いてみたところ、自身の熱意や研究テーマの意義について話す社員ばかりだったなか、私は「会社にプラスをもたらす存在になってみせる」という論調だった点が評価されたのだそうだ。なかばやぶれかぶれで口をついたセリフが、望外な結果をもたらしたのだ。

ノルウェーでの苦闘

　こうして私はノルウェーに渡り、キャンパスライフをスタートさせたが、初日

から挫折を味わうことになる。初めて対面したブルック教授は気さくに「How do you do？（はじめまして）」と声をかけてくださったのだが、私は、緊張のあまり聞き取れなかったのだ。「pardon？（もう一度言ってもらえますか？）」と返した私は、当の教授だけでなく、周囲にいた他の留学生からも失笑を買ってしまった。

挨拶だけでこのありさまなので、もちろん、講義の内容などはまったく聞き取れない。ホワイトボードに書き示されるのはキーワードだけで、話している内容をすべてテキストにして見せてもらえるわけではないから、口頭での説明やディスカッションで交わされる意見の大半は、理解不能という状況だった。そして、話の内容が分からなければ、質問も発言もできない。クラスメートからは「あいつはまったく英語ができないバカ」という扱いを受け、グループワークの際などは多くの学生が私と組むことを避けた。

ちなみに、冬場のノルウェーは太陽が昇らないので、日中も真っ暗だ。大学では仲間外れにされ、日々の生活では太陽すら拝めないとなると、孤独感はいよいよ高まる。話し相手といえば自室のぬいぐるみだけという、完全なノイローゼ状態に陥ってしまった。そしてある日、とうとう気持ちを抑えられなくなった私は、なにも持たずに日本行きの飛行機に飛び乗ってしまう。

ただし、北欧から日本へのフライト時間は長い。機内で落ち着きを取り戻した私の頭の中には、さまざまな人の顔が去来した。大学時代、研究室に受け入れてくださった中川教授や、就職の道を切り拓き留学先も紹介してくださった櫻井教授、採用のみならず留学制度でも英断してくださった鴻池組の経営陣、そして、私以上に私のことを心配してくださった上司の小野氏……。

さまざまな人の助けのおかげで幾多の苦境を乗り越えてきたのに、ここで挫折してしまったら、誰にも顔向けできない──着陸直前に思い直した私は、成田空港に着くやいなや、チケットカウンターに行ってノルウェー行きの航空券を買い求めた。機内でなんとか留学中断を思いとどまったものの、

友人や家族の顔を見たら、また気持ちが揺らいでしまいそうだと恐れた私は、誰にも会うことなくノルウェーにトンボ帰りしたのだ。

日本円にして約50万円という多大な出費だったが、この往復を機に、なにかが吹っ切れた。英語力のつたなさを恥じて殻に閉じこもるのはやめ、進んで教授やクラスメートと接することにしたのだ。面白いもので、開き直って対峙していると、相手の言っていることが分かるようになってくるし、こちらの意も汲み取ってもらえるようになるものだ。遠回りをしたが、私はようやく大学院生活を軌道に乗せることができた。

"自分なりの武器"を本物にする

大学院修了の目途が立ったところで、私は自身のキャリア形成について改めて考えてみた。そもそも私は、現場に出たことがないというハンディをカバーするために海外留学に踏み切ったわけだが、このまま帰国したのでは、大して状況は改善されないような気がしたのだ。

そこで、会社に頼み込んで留学期間を延長してもらうことにした。同時に、ブルック教授にはノルウェーの建設会社を紹介してもらい、1年間、実地で研修させてもらうという道筋を整えたのだ。

こうしてノルウェーに残った私は、海底トンネルと道路トンネルの工事現場に出させてもらった。男女平等社会として先進国のノルウェーでも、建設業界に携わる女性は少数派だ。それでも、女性の社会進出が当たり前という環境下で働く彼らは、工事現場に女性がいても、ごく自然に受け止める。

おかげで私は、建設現場がどのようなものなのかを身をもって知ることができたし、山の神様は、私が立ち入ったくらいでは怒らないということも確認できた。

研修期間を終えて帰国すると、会社では、ちょうど台湾の新幹線工事を受注したところだった。このプロジェクトでは、トンネル工学の知識を有した人材が必要だったうえに、やりとりする書類のすべてを英語で作成する

ことが義務づけられていた。そして、2つの条件を満たす社員は他にいなかったため、私が現地に派遣されることになったのだ。

ちなみに、台湾にも日本と似たような言い伝えがあり、現地作業員の多くは、女性が山間部の現場に立ち入ることに抵抗を示す。もし私に留学経験がなければ候補にすらならなかったはず。事実、先んじて現場入りしていた責任者は「よりによって女性を寄こすとは何事だ」と、本社に苦情を寄せたらしい。そうはいっても、他に適任者がいない以上、人選を変えるわけにはいかない。以前上司だった小野氏が身に着けろとアドバイスしてくださった「自分なりの武器」が、逆境にある私にとっていかに大切だったか、つくづく実感させられた。

こうして「とりあえず1年」という話で台湾に赴任したのだが、先述の条件を満たす交代要員が出てこないままだったので、派遣期間は年々延長され、結果として5年間担当し続けることができた。当初は私のことを異端視し、煙たがっていた現場の人たちも次第に慣れてくれたし、女性がいても現場でトラブルが起きない日々が続いたことで、ごく普通に接してもらえるようになった。

職務に大きな手ごたえを感じた私は、「会社に損はさせない」と言い放って留学させてもらった恩を、海外プロジェクトに従事することで返していこうと決意する。

台湾新幹線の貫通式(左)と走行中の台湾新幹線(右)

会社で生きるための武器が、社会で生きるための武器に

 しかし、私の熱い想いとは裏腹に、当時の日本経済はバブル崩壊のダメージから抜け出せず、低迷が続いていた。事業の縮小を余儀なくされた建設会社の多くは、海外事業から撤退しはじめていたが、これは鴻池組も同様で、台湾のプロジェクトの後は海外案件が大幅に減少した。そして、海外事業に従事していた社員の多くは国内案件に移行していったのだ。

 こうなると、国内での現場経験がない私の存在意義はないも同然だ。当時、経営維持のための社員の首切りを意味する「リストラ」という言葉が流行し、特に中高年のビジネスパーソンを震撼させていたが、30代で働き盛りにあるはずの私が、リストラの対象になってしまったのだ。今後の会社への貢献度という視点から見れば、年齢的に対象となってもおかしくない人はほかに多数いるのに、自分が一番に戦力外通告を受けたことには納得いかなかったが、反発心を抱えて無理に居残ったところで、やりがいのある職務を任せてもらえるとは思えない。私は、退職の勧告を受け入れることにした。

 女性であるというだけで就職やキャリアメイクにおいて理不尽なハンディを背負い、そのハンディをカバーするために苦労して留学したら、今度は留学経験を活かす場がなくなる。自暴自棄になってもおかしくない状況だったが、不幸中の幸いとでもいおうか、急いで次の食い扶持を探さなければならない私には、リストラに遭ったことを嘆いている暇などなかった。もちろん、これまで培ってきた経験や知見を活かせる仕事を求めたが、建設会社はどこも同じ事情で海外事業を縮小しているので、同業他社への転職は望めない。

 そこで着目したのが、海外案件に携わっている建設コンサルタント会社だ。数社にコンタクトをとってみたところ、私の経験を評価して拾い上げてくれたのが、デリーメトロのフェーズ1も手がけたパシフィックコンサルタンツインターナショナル（後にオリエンタルコンサルタンツグローバルに業務移譲）だ。

もともとは鴻池組で生き抜く術として身に着けた武器が、社会で生き抜くための武器になったかたちだ。

再就職を果たした私は、中国案件を皮切りに、ウクライナやカタールのプロジェクトに従事し、経験を重ねていった。そして2007年、インドのデリーメトロプロジェクトのフェーズ2に、トンネルエンジニアとして関わることになったのだ。

日本よりはるかに奇異な目で見られる

第1章でも紹介したとおり、昨今のインドの成長ぶりは目覚ましいが、それでも女性の社会進出はかなり遅れている。土木建築分野ともなれば日本でも女性比率は低いが、インドでは女性が一定以上の権限をもって働くことなど考えられないといった感じなのだ。私は、行く先々で驚かれることになった。

会議に出席すれば他の出席者がざわめくし、現場に出向けばワーカーたちにギョッとされる。特に閉口させられたのが現場だ。インド人ワーカーは好奇心旺盛なうえに遠慮というものがないので、仲間から女性エンジニアがいると聞きつけると、どこからともなく人が集まってきて見物を始める。ある現場に行った際には、無数の作業員が、遠巻きに無遠慮な視線を送ってきた。そんななかで一歩踏み出すと、人垣がサッと左右に分かれて通り道ができたのだ。映画「十戒」でモーゼが紅海を二分するシーンのようで、苦笑してしまった。

ただし、インドには、日本や台湾で経験したような女性を忌避する言い伝えがあるわけではない。「男の仕事を女にこなせるはずがない」という偏見があるだけなのだ。

これを裏付ける象徴的な笑い話がある。ある時、メトロのトンネル工事現場に、デリーメトロ公社のスリダラン総裁が視察にやってきた。私が案内役を務めたのだが、視察を終えた総裁は、私の方をチラチラ見やりなが

らなにかを秘書に問いかけている。つい聞き耳を立てると、どうやら私の性別を確認しているようなのだ。さんざん目の前で説明を聞いておきながらそれはないでしょうと呆れていたら、秘書の回答に追い討ちをかけられた。
「Maybe, woman（おそらく女性です）」と言っているのだ！

 ちなみに、スリダラン氏については、前章で先進的な考え方を持った人だと紹介した。そんな同氏をしても、女性が工事現場で責任者として立ち回るなどということは、にわかに信じられなかったわけだ。インドにおける女性の社会進出がいかに遅れているかの証左だといえる。

初ともいえる女性エンジニアだからこその失敗や苦労

 当時総裁だったスリダラン氏の場合は、女性の私が責任者であることに驚きはしても、否定的に捉えることはなかった。むしろ「ヘルメットやブーツを着用したマダム・アベが、大勢の男性に囲まれながら頑張っていた姿は今でもよく覚えている」と言ってくださるくらいだ。

 しかし、他のインド人の大半は、スリダラン氏とはまったく違った捉え方をする。この点の認識が甘かった当初の私は、失敗や苦労も数多く経験することになった。

 最初の失敗は、インド人エンジニアを叱責したこと。現場の作業員が、基本的な安全確認を怠って作業している場面に出くわしたのがきっかけだった。もちろん、当の作業員にはその場で注意したが、本来、作業員の指導は現場責任者の責務だ。私は、多くの責任者が一堂に会するミーティングの席上で、問題となった作業員を担当しているエンジニアを責めてしまったのだ。

 そもそも女性エンジニアと接した経験がないインド人男性にとって、大勢の前で女性から叱責されることは、耐え難い屈辱だった。怒ったこちらが驚いて二の句を継げなくなるくらい、すごい剣幕で反論されたのだが、ことはそれだけで収まらなかった。

ミーティング後、彼は数名の部下を引き連れ「こんな侮辱を受けたのは初めてだ」と私の部屋に怒鳴り込んできたのだ。その勢いたるや身の危険を感じるほどだった。ひるんでいる様子を見て留飲が下がったのか、暴力沙汰にはいたらなかったが、こちらとしては冷や汗ものだった。現地の風習や考え方への理解が足りなかったことを反省した私は、これ以降、注意したいことがあるときは他の関係者の目が届かないところに呼び出して1対1で話す、なるべく叱っているような口調にならないように気をつけるといった具合で、相手に配慮するようになった。

　その後、経験を重ねるなかで次第に理解を深めていったが、そもそもインドで部下を率いるような立場になる人は、ごく一部のエリート層に限られるため、プライドが高い。こちらの職務上の権限が明らかに上であれば問題ないのだが、紹介した失敗例のように、私（＝女性）と似たような立場にある相手を人前で叱責すると、プライドを著しく傷つけることになる。結果、反発心だけで頭がいっぱいになってしまい、本当に大切な注意の内容が消し飛んでしまうのだ。正してもらうべきことがあれば、相手が受け入れられるようなアプローチが大切なのだという教訓になった。

　また、相手の立場が自分より上の場合も苦労した。インド内のメトロプロジェクトにおける私は、事業主である公社からコンサルタント業務を委託された立場になる。一定の権限はあるが、重大事項に関しては雇い主である公社側から許可を取り付ける必要があるわけだ。しかし、彼らには地下鉄工事の経験がないにも関わらず、私の提案・進言になかなか耳を傾けようとしないのだ。私は「女の戯言など聞いていられるか」と言わんばかりの対応に、頭を痛めることになる。

　大小さまざまな難局に遭遇したが、苦労を重ねるなかで気づいたのが、味方の大切さだ。私を否定的に見ている人とやり取りする場合は、味方になってくれそうな人も同席する場所・タイミングを選ぶ。例えば、デリーメトロ公社のスリダラン総裁は、性別を問わず、正論を支持するタイプだ。インド

人職員の反対に遭いそうだと思った議案を抱えている際には、スリダラン氏の意向をよく理解している職員の前で議論するようにしていた。その場で自身の意見の正当性をきちんと主張できれば、最終決定者であるスリダラン氏の理解を得られる。そして、トップのスリダラン氏が同意した以上、その意向は絶対である。女性に対する不信感だけが根拠になっているような反発や、それにともなう時間の浪費を避けられるというわけだ。

もっとも大切なのは真に信頼をおける存在になること

　ただし、"虎の威を借る狐"のような振る舞いばかりでは根本的解決にはつながらない。自身の姿勢で、信頼を獲得していくという地道な努力も重ねた。もっとも、プロジェクトマネジメントにおいて一番大切なのは、関わるメンバーに当事者意識や仲間意識を抱いてもらうことだ。私の心がけは、コンサルタントとして基本中の基本ともいえる。

　その一例が、バンガロールメトロに関わった当初の話だ。第1章でもコメントを披露してくれたバンガロールメトロ公社のサイモン氏は、私の部下として働くことになったときのことを次のように話す。

　「マダム・アベが着任した日の私は、休暇でしたが、同僚が携帯電話に連絡してきたのです。『大変だ！日本から女性エンジニアの上司がやってきた!!』という。これには耳を疑いましたよ（笑）。驚くと同時に、いったいこの先どうなってしまうのだろうと不安に思ったものです。

　しかし、翌日対面して挨拶したときに意外なことを言われました。彼女はきっぱりと『プロジェクトで大切なのはみんなで力を合わせること。職務上の上下関係は一切気にせず、意見があれば遠慮なくぶつけてきてね』と言ったのです。こういう人なら信頼できそうだと安心したことを、今でもはっきり覚えています。

　また、彼女はことあるごとに『プロジェクトを成功させるには強いシステムが重要』と言っていました。正直なところ、当初は彼女の言わんとすること

をつかめずいにいましたが、一緒に働くなかで、徐々に理解が深まっていきました。彼女が示唆していたのは、誰が従事しても工期や品質基準を守れるような仕組みの構築こそ、私たちのミッションだということです。

　マダム・アベは、私を含めた5人の直属の部下に細やかに目配りし、お互いに助け合いながら職務を進めるようなチーム運営を実践してくださった。個の能力や頑張りに頼るばかりでなく、チームがシステムとして機能するように配慮していたのです。この点を実感できてからは、彼女に全幅の信頼を置いて働くようになりました」

　加えて、アーメダバードメトロプロジェクトに従事する際には、印象的な出来事も起きた。プロジェクト決定当初のオリエンタルコンサルタンツグローバルでは、男性エンジニアをトップに据えた組織案を作成していたが、この男性エンジニアが、急きょ他の案件に従事しなければならなくなったのだ。そこで会社は、私を代役に立てることにした。

　コンサルタント業務を請け負う一企業としては、何かと事業主の承諾を得る必要が生じるが、これは組織人事についても例外ではない。オリエンタルコンサルタンツグローバルは、私をトップにした組織案を、事業主であるガンディナガール・アーメダバード都市鉄道公社に再提出した。ところが、公社との協議に臨むと、この交代案について強い反対に遭ったのだ。

　「総責任者のような重責が、女性に務まるはずがない。事実、インド国内のメトロプロジェクトで、女性が総責任者となった前例など存在しないではないか」というわけだ。

　「またか」という思いを抱きつつ、さてどう説得したものかと考えていると、予想外の展開になった。同席していたインド人エンジニアたちが、口々に援護射撃をはじめたのだ。

　「この人ならまったく心配ない。一緒に働いてきた私たちが保証する」

　彼らはデリーメトロやバンガロールメトロで一緒に仕事をしたことのある人々で、なかには他社の職員も混ざっていた。それでも、熱心に説得に

あたってくれているのだ。

　勢い余ったエンジニアの1人が「She looks like woman, But no problem（女性に見えるが、この人なら問題ない）」と口走ったのには「おいおい」と苦笑いしてしまったが、必死になって私を擁護してくれる姿にはすっかり感動させられた。公社側の人たちも、この迫力に圧倒されたのだろう。結局交代を認めてくれたのだ。

　ただし、この時は勢いに押されただけで、私に対する不信感が払拭されたわけではない。プロジェクトの始動当初は、ミーティングで私の意見に否定的な立場をとる人が多かったし、あからさまに私を無視する人も少なくないなど、試練が続いた。

　しかし、あれだけ熱く応援してもらったからには、その気持ちに答えなければいけない。私は職務の一つ一つに誠実に対峙し、きちんと結果を出してみせるよう、最大限の努力を払った。私の部下であるエンジニアのドグラ氏が、私自身も忘れていたような思い出話を披露してくれたので紹介しておこう。

　「アーメダバードメトロのある工区で施工管理に従事していた時のことです。本プロジェクトでは、デリーやバンガロール同様、日本の高度なレベルのガイドラインやルールを適用しています。従来のインドの基準に照らせば、余計な手間や時間がかかる部分が多いため、事業主であるガンディナガール・アーメダバード都市鉄道公社の職員からは、ことあるごとに手順の省略を求められました。

　当然、規律を重んじるマダム・アベはこの申し出を退けますが、彼女が言うことを聞かないと分かると、その下で働く我々のほうに直接連絡してくるのです。しかし、マダム・アベは常に私たちを注意深く見守っている。クライアントと上司の板挟みにあって困っている様子に気づくと、すぐに『責任者の私が認めないのだから、部下に同じことを言ってもムダです』と押し戻してくれるのです。

たとえ相手が絶対の権限をもっているクライアントでも、間違った指示は受け入れないし、部下への目配りも欠かさない。このような働きぶりを見ていれば、性別など関係ない。我々部下としては、自然と"全力でボスを支えよう"となるものです」

 こうした地道な努力が奏功したのか、当初は私に否定的だった公社の人たちの態度も軟化し、信頼を寄せてもらえるようになった。本節冒頭でも触れたが、規模が大きくなるほど、プロジェクト推進においては関わるメンバー間の信頼感が重要なカギを握る。今振り返ると、むしろ女性であることがハンディになるという逆境があったからこそ、信頼関係構築を最優先にして動くことができたのかもしれない。

 なお、先にコメントを寄せてくれたドグラ氏は、別案件でオーストラリア人の女性上司の下でも勤務したことがあるという。

「自身の経験に照らすと、男性上司は何があっても職務の推進を最優先するという傾向が強いと感じます。例えば予定から遅れが生じているようなケースでは、各スタッフが何日徹夜をすることになっても取り戻さなくてはという感じですね。一方、女性上司はワークライフバランスなども含めて細やかに配慮してくれる傾向が強いように思います。男性より全体を俯瞰する能力が高く、プロジェクトマネジメントにはむしろ女性のほうが向いているのかもしれませんね。昨今のインドでは、女性エンジニアも増えてきました。ぜひ、インド人女性にもマダム・アベのように活躍してもらいたいと願っていますし、そのポテンシャルが十分に備わった女性も多いと思います」

 この点について、バンガロールメトロに従事していたころ、私の上司だったバラクリシュナ氏が続ける。

「建設分野は産業としての歴史が古いため、まだ旧態依然とした"常識"が根強いですが、インドでも昔に比べれば女性の進出はずいぶん進んできています。マダム・アベのようないいお手本がいるわけですから、そう遠くないうちに建設業界にも多くの女性が進出してくれるでしょう」

ここまでだけだと単なる褒められ自慢に見えかねないが、バラクリシュナ氏のコメントには、続きがある。若干本論からは逸れるが、公正を期して（？）紹介しておこう。

　「ただ、いくらマダム・アベでも百点満点というわけではないですよ。相手の立場や肩書に臆せずはっきりと正論を説くのはすばらしいことですが、インド社会にはまだまだ未熟な部分が多く残っている。すべてを正論だけで押し通そうとすると、むしろうまくいかないケースもあるのです。この点を理解し、ときに柔軟に相手に寄りそう姿勢も見せてくれると、より優れた"お手本"になれるのではないでしょうか」

　この話を聞くまで、自分ではかなり柔軟に対応してきたつもりだったが、まだまだだったというわけだ。インド人の素直さを見習って、この指摘は謙虚に受け止め、精進していこうと思っている次第だ。

インド人女性の社会進出にも寄与

　ここまで紹介してきたように、私がインドのメトロ事業に携わるようになるまでには、さまざまな葛藤や紆余曲折があった。決して、独力で強固な意志を貫き続けられたわけではなく、折につけて多くの人に支えられながら、ようやくここまで長らえているといった感じだ。

　このような想いを抱くようになったころ、知り合いのインド人女性からうれしい話を聞くことができたので、ご紹介したい。まずは、現地法人のオフィスで雇用している女性事務員と雑談していた時のこと。彼女は「メトロが開業していなければ、私はこの会社で働いていない」と言い出したのだ。

　「もしメトロがなければ、通勤にバスを使わなければなりません。でも、このあたりのバスの治安はとても悪く、車内で強盗やレイプの被害に遭う女性が後を絶たないのです。とても、日々の足として利用する気にはなれません。いくら職場の条件が魅力的でも、バスで通うくらいなら諦めます」

　聞けば、バスのドライバーと犯罪者が結託していることも少なくないとい

う。本来の目的地やルートから逸れ、警察の目が届かないところで犯罪行為に及ぶという事件が頻発しているらしい。一方、メトロであればルートを逸れることなどない。各駅には複数の警備員が常駐しているし、わずか数分で隣駅に着くので、犯罪行為に及ぶ時間的余裕もない。女性でも、安心して利用できるわけだ。

また、社会人8年目で既婚の女性会社員は、次のように話してくれた。

「大学時代は、高収入を見込める都心部の会社に就職したいと思っていました。でも、当時の通勤手段はバスしかなかったため、両親から反対されて、やむなく実家の近くにある会社に就職しました。やがてメトロが開通すると、地元の友人女性が都心部の会社に転職したんです。この後も、近所の女性たちは次々と転職し、メトロを利用して通勤するようになっていきました。すると、私の両親も考え方を変えて『メトロ駅から徒歩5分以内』を条件に、都心への転職を許してくれたのです。それ以来6年以上経ちますが、メトロで通勤していて怖い目に遭ったことはありません。結

ピーク時の女性専用車両前のホームの様子　　　　　　写真提供：(株)エムアンドワイコンサルタント

婚後は、夫や夫の家族もメトロを使った通勤に理解を示してくれています」

 彼女は現在妊娠8カ月だが、産休直前まで勤務できるのは、女性専用車両による安心感が大きいのだそうで、産休が明ければ職場復帰するつもりだと言っている。

 2名との会話をきっかけに、いろいろな女性に話を聞いてみるようになったが、メトロの開通によって人生の可能性が広がったという人は、想像以上に多かった。現在、デリーメトロで女性専用に充てられているのは各編成とも先頭の1両だけだ。このため、すごく混雑して次の電車を待たなければいけないケースも出てきているようだ。女性専用車両の混雑がひどく、通勤に不便さを感じはじめたインド人女性たちのなかには、スマートフォンのナビアプリによる配車システムを利用する人も出てきているという。自宅近くの大通りから通勤先付近まで、3〜4名で自動車をシェアリングするのだ。バスやオートリキシャより安心なので利用者は増加中だが、メトロと違って、時間通りに目的地に着くとは限らない。そこで、特に混雑のひどい朝は配車システムを利用し、夕方の帰宅にはメトロを使うといった通勤スタイルが流行りはじめているのだとか。

 一方、現時点ではまだメトロが開通していない地域に住む人たちの通勤事情にも、変化が表れている。鉄道ローカル線とオートリキシャを併用して通勤しているという女性から聞いたのだが、最近はローカル線も、メトロにならって女性専用車両を導入しているそうだ。また、朝夕1便ずつの限定ではあるが、編成すべてが女性専用となるダイヤもあるという。それでも、自宅とローカル線駅の行き来にはオートリキシャを使っているため、やはり不便さは残る。この女性は「フェーズ3が開通すればもっと便利になるので、心待ちにしているんですよ」と話してくれた。

 日本政府やJICAは、交通渋滞の緩和や大気汚染の低減、さらなる経済成長などを企図してインドのメトロ事業を援助している。しかし、意図しないところで、直接的な目的以外の波及効果として、働く意欲や能力があ

る女性の雇用機会獲得や日常生活上の安全確保などにも大きく貢献していたのだ。また、メトロによって女性の安全確保の重要性や意義が認知されたことで、他の交通機関にも影響を及ぼしている。私は、今後もインドにおける鉄道事業の支援業務に関わり続けたいと考えている。そんな私にとって、自分の苦労や頑張りが、インド人女性の社会進出の後押しにつながっているという事実は、大いなる励みになっている。

第3章

セイフティ・ファースト

第3章 セイフティ・ファースト

　第1章でも触れたが、インドでは、現場内でヘルメットをかぶるという基本的なことでさえ、定着させるのに大変な苦労をともなうくらい、安全への意識が低かった。工夫や努力が目に見える成果として形を成す建設工事などと違い、安全管理は「何も起こらないこと」自体が成果なので、現場で働く人たちにとっては張り合いがない。どうしても軽視されやすい分野なのだ。そんななかで私は、安全確保に関する2つの取り組みをまとめあげて提案し、ODA事業の一環として追加的に活動する承認を取りつけた。本章では、その経緯や悪戦苦闘の内容について紹介していきたい。

きっかけとなったのは高架橋崩壊事故

　2009年7月12日の早朝。私は、デリーメトロの地下工事現場に詰めて、エンジニアやワーカーの作業指導にあたっていた。ふいにワーカーたちがざわめき始めたので何事かと問いただすと、地上で事故が起きたようだというのだ。

当時の事故の写真（新聞記事より）

事故現場は私の担当工区ではなかったが、状況を把握するために駆けつけると、写真のような状況が目に飛び込んできた。鉄道用の高架橋が倒壊し、高架橋の上に載っていたはずの作業クレーンが地上に落ちているのだ。落下したクレーンの下敷きになり、6名が死亡、15名が負傷を負うという悲惨な事故だった。

　先述のとおり、事故が発生した工区は私が所属するパシフィックコンサルタントインターナショナル（後にオリエンタルコンサルタンツグローバルに事業譲渡）の管轄外だったが、それでも複数の死傷者が出るような重大な事故だったため、同僚のエンジニアと私は、JICAに対する説明資料を作成することになった。

　私たちは、事故当時、現場に居合わせたワーカーやエンジニアに事情を聴取したり、倒壊した高架橋の設計図を集めたりと、さまざまな情報を求めて駆けずりまわった。

　朝からさまざまな情報を集め始めたのだが、それらを資料としてまとめ終えたときには、すっかり日が暮れていた。同僚と私は、オフィスから自宅まで、ドライバーが運転する車で送ってもらったが、こんな状況下で事故以外の話題を持ち出すのは不自然だ。かといって改めて事故について話す気にもなれない。疲労困憊していたこともあり、車中は重い沈黙で覆われた。

　私は、思考停止状態で窓の外の景色を眺めていたが、対向車のヘッドライトに照らされて、一瞬だけ同僚の横顔が浮かび上がった。そのほおには、涙が光っているように見えて、私はショックを受けた。

　普段の彼は、どんなに忙しくても飄々とした態度で仕事をこなすタイプだ。資料作成のために奔走している間も、少なくとも私の目には、必要以上に感情移入せず、冷静に仕事をこなしているように映っていた。

　そんな彼が、悲しんでいる。勝手な憶測だが、職務をまっとうするため、勤務中は敢えてドライに徹していたのだろう。しかし、その職務を終えたことで、心の奥底に押し込んであった悔しさや悲しみが表出したのではない

かと思うのだ。

一方、自身を振り返れば、とにかくやることが多く、目の前の作業をこなすことだけで精一杯になってしまっていた。工区が自社の管轄ではなかったこともあり、無意識のうちに事故を他人事のように捉えていたのだ。彼が心の中で事故を深刻に受け止めているのに、自分はといえば——私がショックを受けたのは、その事実に気づいたからだ。

ちなみに、事情聴取や関係書類の確認の結果、この事故は、設計段階で鉄筋の量が本来より若干少なく設定されていたこと、工事に使われたコンクリートの強度が許容値を下回っていたことなど、複合的な要因が重なって事故につながったと結論づけられた。

また、倒壊した高架橋にはヒビ割れが生じていて、事故の一週間ほど前には、現場にいたエンジニアが近所の住民から指摘を受けていたそうだ。しかし、このエンジニアは緊急事態と受け止めなかった。別件で上位のエンジニアと顔を合わせた際に、併せて報告・相談すればいいと判断したのだという。設計や施工実務、現場の管理に従事している人たちが、それぞれの立場からシビアな姿勢で仕事に臨んでいれば、事故は防げたはずなのだ。

このまま終わらせてはいけない——同僚の様子を見て猛省した私は、より効果的に安全性を高める余地がないか意識しながら、現場に臨むようになった。

現場の「手抜き」に課題を見出す

安全確保をより強く意識するようになって間もなく、私は地下工事現場で深刻な課題に直面した。

地下工事では、掘削予定地の周囲に壁を構築してから掘削作業を進めていく。その際、壁を支えるためにアンカー[2]や梁などを設置し、内部で

---

2) 錨のこと。錨の働きをする方塊。物を固定する目的で岩盤やコンクリートに打ち込むもので金属性の打ち込みアンカーと化学反応を利用したケミカルアンカーに大別される。

の作業時の安全性を確保する。ただし、掘削地周辺では、すでにビルなどの建造物が建っていることが多いため、壁や梁にはさまざまな荷重がかかってくる。そこで、安全確保の一環として、現場では要所要所に変位計を設置するのが普通だ。この変位計を通じて、構造物の沈下や傾きの程度をモニタリングする。計測数値が、設計段階で定めた許容範囲を上まわっていれば、危険な状態にあると判断できる。そして、計測値から崩落などの危険を察知した場合は、必要に応じて現場の作業員たちに避難を促すわけだ。

　もちろん、デリーメトロのプロジェクトにおいても、変位計の設置や計測レポートの作成・提出は、契約によって義務づけられている。このため、各現場のエンジニアは、この契約に沿って計測数値を記録し、レポートとして提出していた。しかしこれは、表面上、ルールが守られているに過ぎず、本来の危険予測には役立っていなかったのだ。

　それが発覚したのが、ある地下工事現場を視察した際のこと。私は地面のコンクリートにひび割れが生じているのを発見した。地下構造物に過度な荷重がかかっている可能性を疑い、私はそばにいたインド人エンジニアに、これまでの計測レポートを持ってこさせた。

　レポートを見た私は言葉を失った。そこには、日々の推移として「プラス1mm」「マイナス1mm」という数値が、やけに規則正しく並んでいたのだ。壁や梁が、これだけ規則正しいパターンで動くことなどありえない。

　「本当に、毎日計測していたの？」私はエンジニアに厳しく問いただしたが、「マダム、私たちは規則どおりやっている」の一点張りでらちが明かない。そこで、目の前で変位計の数値を確かめさせたところ、結果はマイナス32mmと出た。壁がもとの設置位置から3cm以上も動いていたのだ。ご自身の住まいに置き換えて考えてみていただきたい。柱が3cmも動いてしまったら大事だとお分かりいただけるだろう。ましてや、崩落の危険をともなう現場内であれば、徹底的に原因を究明し、早急に対策を施す必要が

ある。私が激怒したのはいうまでもない。

　彼らにしてみれば、計測やレポート作成は、ルールで決まっているから従っているに過ぎない。その意味するところや必要性について、自身の共感をもって理解しているわけではないのだ。理屈上、危険回避につながることは分かっていても、現実として何事も起きないなかで過ごしていると、どうしても「こんなことやっても意味がない（＝手を抜いてしまえ）」という思いが生じるのだろう。

　レポートが提出されているという事実さえあれば、内容が虚偽だと発覚しない限り、ルールは順守されていることになる。そして、私が気づかずにいれば、虚偽は埋もれたままになっていたはずだ。

　私は、そのエンジニアをつかまえて厳しく指導する一方で、大きな危惧を抱いていた。1人を叱っている今この瞬間にも、同様の事態が無数の工事現場で起きているに違いないと思ったからだ。

　なにしろ、デリーメトロのフェーズ2で計画されている鉄道敷設の総延長は約130kmもあるし、トンネルエンジニアの私が直接関わる地下部分だけでも約30kmにおよぶ。各所で無数の工事が同時進行しているため、各現場で安全管理を担当しているエンジニアの人数も相当数にのぼるのだ。

　そんななかで不正をすべて見つけ出して当事者の意識を正している時間的余裕もパワーもない。また、たとえ不正を摘発して正せたとしても、私が他の現場に移ってしまえば、再発は必至だ。

　正直なところ無力感に覆われかけたが、私はここが踏ん張りどころだと思い直した。仕方のないこととあきらめてしまえば、またあのような大事故につながりかねない。安全確保の重要性を十二分に理解している日本人だからこそできることがあるのではないか——私は、計測の実施と計測結果に応じた行動喚起の徹底を自身の課題にしつつ、何か良い施策がないものかと、日々、頭をひねるようになった。

先輩にこぼしたグチが解決策の糸口に

　課題を見つけたのは良いが、現場で厳しくチェックし、口うるさく言うことくらいしか実践できず、私は根本的な打開策を見出せずにいた。

　そんな折に日本に一時帰国する機会があり、神戸大学の芥川真一教授と面会した。芥川教授は神戸大学大学院の櫻井研究室OBで、私の先輩にあたる。このころの私は、博士号取得の道を模索していた。開発途上国の工事現場における安全対策の普及・徹底というテーマを、新たな学術分野として確立させたいと思っていたのだ。そこで、同じ研究室出身というよしみで芥川教授に相談に乗っていただいたわけだ。

　相談を終え、話が雑談に転じたとき、私はデリーメトロで変位計の計測がまともに実践されていないことを話題に出した。こちらとしては「まったく困ったものです」というグチをこぼしているくらいの感覚だったのだが、芥川教授からは意外な反応があった。ご自身の研究室で、まさに問題解決につながりそうなテーマを扱っているとおっしゃるのだ。

　芥川教授と面会した時点から数年前の日本では、2つのトンネル工事現場で、大きな事故が相次いで発生していた。学識者という立場からプロジェクトに参加なさっていた芥川教授は、きちんとした計測体制が整えられ、優れたエンジニアや作業員が投入されていたにも関わらず事故が発生してしまったことを深刻視し、問題解決に向けて動き出していたのだ。その背景や概略を簡単に説明しておこう。

　日本のトンネル工事では、現場内に計測室を置くのが普通だ。ここに詰めるエンジニアが、現場各所に設置した変位計から伝送されてくる計測数値をモニタリングするわけだ。異常値を認め、エンジニアが危険と判断した場合は、現場の作業員に警告を発し、避難を促すことになる。

　しかし、この体制を整えるには、変位計や計測室を設置するだけではなく、多種多様な計測数値から適切な結論を導き出せる優秀なエンジニアが不可欠だ。また、体制を整えても、エンジニアが危険と判断してから、

現場にいる人たちが避難行動をとるまでには、どうしてもタイムラグが生じてしまう。

そこで芥川教授が考え出したのが、計測の見える化——OSV（On Sight Visualization）、という仕組みだ。まず、構造物の歪みや沈み込みなどを検知する変位計に、赤・黄・緑・青の光を発するLED信号を組み合わせた新たな機器を用立てる。計測値をもとに現場の危険度・安全度を自動的に判定し、その結果が信号の光の色で示されるというものだ。これならば、現場の作業員にリアルタイムで状況を伝えられる。危険が生じた際でも、避難行動に移るまでの時間は、従前に比べて大幅に軽減されるのだ。また、危険度や安全度の判定をオートメーション化することで、エンジニアにとってはモニタリング作業負担の軽減にもつながる。

芥川教授は、エンジニアが危険と判断する計測数値の組み合わせをパターン化・体系化し、人間が介在しなくても自動的に危険を予測できるようにした。そのうえで、変位計にLED信号を組み込んだ機器の開発を協力メーカーに依頼していたのだ。OSV機器はすでに完成していて、数カ所の現場で試験的に導入されていた。そして、私と面会したころの芥川教授は、日本国内での普及を目指すため、メーカーや施工会社をはじめ、建設会社や他大学の研究室などにも参加を呼びかけ、「OSV研究会」の設立に向けて動いていた。

計測がオートメーション化されるというのは、まさに自分が直面している問題にうってつけのソリューションだ。また、文字や言葉で危険を知らせるのではなく、シグナルの色で視覚に訴えるという手法は、字を読めない作業員も少なからず存在し、そもそも複数の言語が飛び交っているインドの工事現場にはぴったりだ。話を聞いた私は、その場で芥川教授に協力を依頼し、快く承諾していただいた。

デリーメトロ公社とJICAを説得し、アイデアを案件化

　ただし、一介のトンネルエンジニアと研究者が合意しただけで話を進められるものではない。まず、メトロ工事の事業主であるデリーメトロ公社にその必要性を認めてもらう必要がある。また、デリーメトロ公社がOSV導入の意義を認めたとしても、それだけでは「ない袖は振れない」で終わってしまう。JICAの支援も取り付ける必要があるのだ。そして、JICAが扱う資金は日本国民の血税だ。当然、どんな案でもすんなり認められるわけではなく、しっかりした説明が求められる。

　デリーメトロ公社には、新たな取り組みに精力的なスリダラン総裁がいるだけに理解を得られる自信があった。成立の可否は、JICAから支援を得られるかどうかにかかっている——こう考えた私は、インドに戻ると、当時一緒にデリーメトロを担当していた同僚の泉千年氏と連れ立ってJICAインド事務所に向かった。対応してくださった金哲太郎氏は、当時の背景について次のように言う。

　「もともと、デリーメトロの現場では、深刻な事態が起きなかったというだけで、小さな事故は頻発していたのです。JICAからは、デリーメトロ公社に事故防止策や安全確保策の立案・実施を求めていました。しかし、なかなか有効な対策が実施されず、どうしたものかと頭を痛めている最中にクレーン落下事故が起きてしまいました。阿部さんからご提案をいただいたのは、今こそ早急に具体策を実施しなければならないというタイミングだったのです」

　ある意味、JICAやデリーメトロ公社にとっても、話を受け入れやすい状況にあったわけだ。ただし、この時のOSVは、日本国内ですら試験的導入が数例あるというだけだったので、デリーメトロのような大規模な現場への導入は、芥川教授らOSV研究会にとっても未知の領域なのだ。一方、ODA案件としてOSVを導入するためには、その効果がシビアに求められる。話を進めるうえで、OSVの採用実績の少なさは大きなネックになった。

「阿部さんたちから直接話を聞いた私ですら、具体的にどのような効果が上がるのかをイメージしきれませんでした。当然、私から説明を受けるJICA本部としては、より実像をつかみづらくなるわけです。これでは、なかなかGOサインにはいたりません。

 ただし、ここまでの時点で、阿部さんや泉さんとは、デリーメトロフェーズ2の実務を通じて幾度もやり取りしています。信頼できる方々だと分かっていたので、そのお二人がこれだけ熱心に提案してくるからには、有意義な取り組みなのだろうと思ったのです。

 さらにいえば、ODAは、政府レベルの交渉を必要とするため、とかくトップダウンになりがちです。そんななかで、土木建築の専門家として現場レベルから新しい案を上げていただけるというのは、とてもありがたいことです。モチベーションを高く維持して臨み続けていただくためにも、なんとかかたちにしたいと思いましたね」

 金氏をはじめとするJICAインド事務所の方々は、ODAとしての活動にするための道筋を模索してくださると同時に、JICA本部の理解を得るためにそろえるべきデータや資料についてもアドバイスしてくださった。

 こうした関係各位の努力が実り、OSV導入の道筋は無事に整った。デリーメトロ公社に対して追加で資金を貸し出すのではなく、JICA自らが資金を拠出する調査案件というかたちに落ち着いたのだ。OSVの採用実績が少ないことを踏まえ、その効果のほどを調査するためのプロジェクトとして成立したわけだ。

 次いで、私たちはデリーメトロ公社にも話を持ち掛け、JICAもまじえた協議の場をセットしてもらった。資金面ではデリーメトロ公社の負担はないものの、公社の職員や工事現場に入っている建設会社の協力を要請する必要があったからだ。協議当日には芥川教授も自費で駆けつけ、このプロジェクトの意義や必要性について、熱のこもったプレゼンテーションを展開してくださった。

少し話は逸れるが、私は芥川教授の姿を見て、山口大学時代の恩師・中川教授の言葉を思い出し、感慨にふけっていた。「せっかく大学院に進むなら、他大の研究室に行って人脈を広げなさい」——神戸大学を通じて培った人間関係が、まさに今、実を結ぼうとしているのだ。

話を元に戻すと、デリーメトロ公社もJICAも、大筋では合意にいたり、無事にOSV導入を前提に詳細を詰めていくことが決まった。協議終了後、芥川教授とJICAの金氏、泉氏、私の4者がホッと胸をなでおろして談笑していると、スリダラン氏から総裁室に呼び出された。プレゼンテーションでは、地下駅舎建設現場への導入を提案していたのだが、スリダラン総裁は「追加で導入してほしい工区がある」とリクエストしてきたのだ。当時予定されていた工事のなかには、国有鉄道の上を高架橋で横切る箇所があった。このような場所で事故が起きると、既存の鉄道をマヒさせてしまう。せっかく有効な機器を導入するなら、特に安全確保に神経をとがらせるべき場所にも使ってほしいというわけだ。

当然、その分予算はかさむことになる。金氏には、再び東奔西走していただくことになってしまったが、なんとか話をまとめていただき、OSV導入は当初の想定以上の規模でスタートすることになった。

このプロジェクトは、2010年3月に「インド国地下鉄工事現場の安全・環境対策に係る調査」として正式に決定し、私はOSV導入の技術コンサルタントを務めることになった。

本プロジェクトを実施するにあたっては、日本でOSVの施工実績がある環境総合テクノスに、エンジニアの派遣を要請した。通常、海外案件における特殊な工事では、3〜4名の技術者を招聘する。しかも、今回のように日本でも導入事例が少ない工事の場合、さらに多くの人員を投入してもおかしくないところだ。しかし関係者間では、日本人エンジニアは敢えて1名にし、手が足りない分は、日本人エンジニアの指導を受けたインド人エンジニアによって補うことで合意していた。さらにいえば、日本から持ち込

む機器や資材は必要最低限にして、できるだけインドで現地調達可能なものを採用する方針を定めていた。

これらの背景には、もちろん、限られた予算のなかでプロジェクトを推進しなければならないという実情もある。しかし私たちには、別の思惑もあった。今回のOSV導入を成功させて前例を打ち立てた後は、インド人自身の手で広めていってもらいたいと考えていたのだ。

低予算で実現させること自体もOSVの広めやすさにつながるが、施工技術者や必要な資材など、インド国内で用立てられる要素をできるだけ多くしておけば、やはり普及の後押しになるはずだ。このため、芥川教授と協議を重ねた結果、信号機付きの変位計だけは日本から輸入したが、ケーブルや作動チェックに使うテスターなどはすべてインドで調達することとなった。

そして、日本人技術者や日本製資材の投入を最低限に抑える一方、エンジニアやワーカーなど、インド人関係者への講習やトレーニングについてはより多くのコストを充てることにした。何よりも、プロジェクトに関わるインド人のOSVに対する理解が重要だと考えたからだ。

以上のような事情に理解を示し、単独で現地入りしてくれることになったのが、環境総合テクノスの高橋厚志氏だ。また、芥川教授からは、プロジェクトが素案だったころから「実現した暁には、ぜひ研究室の学生を預かってほしい」と頼まれていた。教授にしてみれば、学生にとって貴重な経験になると思ってのことだが、少しでも予算を抑えつつ戦力を確保したかった私にとっても、これは願ってもない申し出だった。こうして、陣容が整うと、いよいよプロジェクトは本格的に動き始める。

さまざまな試練に見舞われたOSVの設置現場

環境総合テクノスの高橋氏、そして第4章で紹介する芥川研究室の大学院生である楠井彩子さんが現地入りし、所用期間を2週間弱と見込んだ設置作業がスタートした。

ところが、試練は早々に訪れた。設置開始から数日が経過すると、高橋氏が体調を崩してしまったのだ。もともと短期滞在の予定だったため、高橋氏はホテル住まいで、当然、食事は外食中心だった。特に現地のカレーが気にいって連日食していたようなのだが、地元の飲食店には、衛生事情がよろしくないところも多い。日ごろ食べ慣れていないものを摂り続けたこともあり、胃腸が悲鳴を上げてしまったのだ。

　しかし、先述した事情から、高橋氏には単独で現地入りしていただいたので、彼に代わってインド人エンジニアの指導や施工管理にあたれる人はいない。高橋氏は、脂汗を顔に浮かべながら足元もおぼつかない感じで職務にあたっていた。見ているこちらは気が気ではないわけだが、高橋氏に復調してもらう以外、有効策はない。もともと、学生の楠井さんは私の自宅で預かっていたのだが、私はここに高橋氏も加えることにした。体調を整えてもらうためには、事細かにインドにおける生活上の注意点を知ってもらう必要があると思ったからだ。

　共同生活を送るなか、居候の2人には「カレー厳禁」を申し渡し、我が家のメイドさんには、胃腸にやさしいメニューをつくってもらうことにした。また、「口をゆすぐだけでも野菜を洗うだけでもミネラルウォーター限定」など、現地で健康を損ねないための生活指導を徹底した。特に、口に入れるものについては厳しく制限した。2人の滞在期間中の気温は連日40度超えだったが、氷やアイスクリームも厳禁。高橋さんも楠井さんも、暑いなか、現場のエンジニアがおいしそうにアイスクリームを食べているのを横目に作業することになった。ある時、私は他の現場に出張したのだが、帰宅したとたん、待ち構えていた2人が神妙な顔をして「話したいことがある」と言う。何事かと思って姿勢を正した私は、「ガマンできずにアイスクリームを食べてしまいました」と告白されてズッコケてしまった。ただし、この時に2人がお腹をこわさずに済んだのは単なる僥倖(ぎょうこう)。インドの飲食物には神経質過ぎるくらい注意する必要があるのだ。

こんな"生活指導"の甲斐あってか、高橋氏の体調はすぐに回復し、職務に専念してもらえるようになった。設置工事が進んでいくなか、私たちは次なる障壁に直面する。先に、デリーメトロ公社のスリダラン総裁から要請を受け、地下駅舎に加えて高架橋にもOSVを設置することになったと紹介したが、この高架橋に取り付けたOSV機器のLEDの光が、非常に見えにくいという事実が発覚したのだ。

　もともと芥川教授や協力メーカーは、トンネル工事現場での使用を想定してOSV機器の開発にあたっていた。つまり、暗い環境下で使うことが前提になっていたため、開発過程では、機器のLEDが発する光の強さが課題として取り上げられることはなかった。

　しかし、高架橋の現場は地上だ。太陽光のもとでOSV機器を見ることになるわけだが、一定以上離れた場所からだと、光の色はおろか、光っていることすら判別しづらい状態だったのだ。

　私は、すぐに芥川教授に事情を説明し、機器の改良を依頼した。日本側では、芥川教授がメーカーの担当者と協議し、発光部分のカバー部品を透明にしたり、LED周辺を白く塗ることで光の反射率を高めたりと、迅速に対応策を編み出してくださった。おかげで、この問題はなんとか収束させることができた。

　そして、もっとも大変だったのが、設置後の作動試験結果を受けた確認作業だ。LEDが発光しない機器が少なからず出てきたのだ。

　その原因は、私たちが選んだ機器の接続法にあった。本来、各OSV機器とパソコンは、個別に結線するのが理想形だ（p.92上図）。うまく作動しない機器があればすぐに特定できるし、他の機器には影響を及ぼさないからだ。しかし、この方法では、ケーブルを大量に使うことになる。少しでも予算を抑える必要があった私たちは、OSVを直列でつなぐ方法を選択していたのだ（p.92下図）。

　しかし、各OSV機器間のケーブルは、人の手で結線する。専用の圧

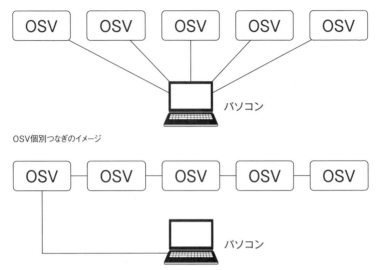

OSV個別つなぎのイメージ

OSV直列つなぎのイメージ

着工具を使うのだが、当然、複数のワーカーが手分けして同じ作業にあたるため、作業精度にバラつきが生じる。なかには、圧着時の力のかけ方が弱いために通電しないという箇所が出てくるのだ。そして、1カ所不具合があれば、そこから先の機器には電力が供給されず、複数の機器が作動しなくなってしまうわけだ。また、インドでは都市部にも野生のサルが多くいるのだが、このサルがケーブルにイタズラをして切ってしまうケースもあった。

　高橋氏には、結線箇所を一つ一つテスターでチェックして、問題がある部分は結線し直すという、気の遠くなるような作業に従事していただいた。

目が点になるような原因だった動作不良

　さまざまな試練に見舞われながらも、高橋氏や芥川教授はじめとする多くの関係者に助けられ、OSV機器の設置工事自体は予定の工事期間内に終えることができた。

　しかし、1カ所だけ、どうしてもLEDが発光しないゾーンが残ってしまい、

高橋氏の帰国予定日の前日になっても解決しなかった。翌日、高橋氏は、そのまま空港に向かえるよう現場にトランクを持ち込み、フライト時間ギリギリまで原因究明に励んでくださった。しかし、彼の努力も空しく、理由は明らかにならない。結局、日本での仕事のスケジュールを調整し、滞在期間を延長していただくはめになってしまった。

さまざまなテストや確認作業を繰り返しても原因を特定できなかったため、私たちは、しまいにはテスターの不良を疑うようになった。予算を抑えるために日本製品ではなく、インドで調達可能なテスターを採用していたからだ。また、OSV機器の不良も視野に入れ、急きょ芥川教授に必要な機器や部材を持参してもらった。そのうえで疑わしい箇所は日本製のテスターでチェックし直し、機器の交換も試したのだが、それでも作動しない。私たちは途方に暮れてしまった。

そんななか、見るとはなしにOSV機器につながっているケーブルを目で追っていると、途中にテープが巻かれた箇所があることに気づいた。特に

OSVが光っている工事現場の様子

結線作業が生じるような箇所ではなかったうえ、ケーブルとテープが同じ色だったために、それまで誰の目にも止まらなかったのだ。

テープをはがしてみた私たちは絶句した。ケーブルが切断されていたのだ。しかも、ケーブルの被膜や断面の状態を見ると、きれいな平面になっている。うっかり何かをひっかけた拍子に切れたようには見えず、いかにも刃物を使って故意に切断したという感じなのだ。

おそらく、現場で他の作業に従事しているワーカーのだれかが、大きな機材を搬入する際にでもケーブルを邪魔に感じて切断したのだろう。妙な表現だが、切ったまま放っておいてくれれば、私たちもすぐに気づけたはずだ。ところが、それでは後ろめたかったのか、この犯人（？）は、ご丁寧にもケーブルの被膜と似た色のテープを探してきて、"外見上の原状復帰"を施していたのだ。

きちんと通電するように"実質的な原状復帰"を施すと、LEDは何事もなかったかのように光った。はからずも、高橋氏と芥川教授には、いかにもインドならではという目に遭わせてしまったわけだ。両氏には、この場をおかりして改めてお詫びと感謝を申し上げたい。

講習会の実施や説明板の新設で理解を広める

OSVの設置工事を進める一方で、私は現場で働くインド人エンジニアやデリーメトロ公社の職員に対して、講習会を開いた。システムの導入目的から始めて、機器のサンプルを見せつつ、どこに設置するのかや、どのような機能を持っているのかについて、説明したのだ。

当然、LEDが赤く光った際は、現場に居合わせた人たち全員に避難してもらう必要がある。自身が仕組みを理解するだけでなく、管理下にあるワーカーたちにも理解させてほしいと頼んだわけだ。

機器設置が完了して1カ月ほど経ってから、私はOSVの理解度や認知度を調べるため、抜き打ちでワーカーたちにアンケート調査を実施した。自

第3章 セイフティ・ファースト

分のなかでは最初から実施するつもりでいたが、計測器の設置を担当している建設会社に調査の手配を任せてしまうと、正確な集計結果を入手できないおそれがある。クライアントや建設会社にとって思わしくない結果が出た場合、妙な気を利かせてレポートが改ざんされかねないからだ。そこで私は、プロジェクト自体とは利害関係のないインド道路中央研究所のラビ氏に、直々に調査を依頼した。

「エンジニアのほうは、マダム・アベをはじめ日本人スタッフから直接説明を受けていただけあって、きちんとOSVの内容を理解していました。クレーン落下事故の記憶が残っているうえ、そもそも現場の安全性を確保するようなデバイスの導入自体が珍しかったため、意義や効果についても大きな期待を寄せている様子が伝わってきました。

一方で、各エンジニアの下で働くワーカーたちは、OSVの存在にすら気づいていないという人が大半でした。存在に気づいていた人でも『何やら光を発する機器がある』という程度で、光の色が何を意味し、それを見て

OSVの説明板をもとにワーカーへの講習会を実施

どうしなければいけないのかを知っているワーカーは皆無だったのです」

つまり、エンジニアからワーカーへの説明が圧倒的に不足しているという実態が明らかになったわけだ。ただし、これは事前に想定していたことでもあった。私は、芥川教授の助力も得て、エンジニアやワーカーを集め、ほぼ一週間に一度のペースで説明会や訓練を繰り返した。

これと並行して、説明板の制作にも着手した。センサーが発する色と、とるべき行動を大きなパネルに描いたのだが、この時心がけたのは、説明を文字だけで終始させず、カラフルな絵も用いることだ。ここまで幾度か触れたが、インド人ワーカーは、出身地によって話す言語が異なるし、そもそも文字を読めないという者も少なくないからだ。絵柄は、インド人エンジニアに考えてもらった。彼らのなかに当事者意識を芽生えさせたかったという側面もあるが、思わぬところで自分の常識が通じないという経験を多々重ねていたことも大きい。例えば、日本では避難路を示すサインパネルに、駆け足姿の人物のシルエットが使われている。しかし、舞踊が盛んなインドでは、同じシルエットを見て踊っている様子だと受け止められかねないのだ。

こうして「青や緑の時は作業を続けていいよ」「黄色い時は現場内の安全担当に報告してね」「赤くなったら逃げるんだよ」というパネルができあがり、現場内のさまざまな箇所に設置した。

OSVの説明パネル

なお、アンケート調査は複数回実施したが、説明会や訓練、パネル設置の効果について、ラビ氏は次のように語る。

「特に、ワーカーたちの認知度や理解度の高まりは顕著でしたね。OSVの仕組みを知って、『自分たちの命を守るような対策を施してもらったのは初めてだ』と涙する者が現れたり、『信号が赤の時は警告音が鳴るようにしたらいいのでは』という改良案が出てきたりと、関心の高さを実感しました。逆に言えば、インドでは、ワーカーの安全確保を重視しない現場のほうが圧倒的に多いということですね。ワーカーたちは口々に『この現場なら安心して働ける』と言って喜んでいました」

さらに加えれば、エンジニアにも、安全に対する意識の高まりが現れた。OSVの設置現場と、OSVがない現場で調査を実施したところ、前者のエンジニアは、安全性のチェックリストに目を通すようになり、現場の状況も小まめに確認するようになっていたのだ。ラビ氏によれば、OSVがきっかけになって「ワーカーの命を守る」という使命感が高まったのではないかという。

OSV避難訓練風景

アンケート調査を通じて一定以上の浸透を確認した私は、避難訓練に踏み切った。

訓練すること自体は事前に告知したが、そのタイミングは敢えて伏せておき、ふいにすべてのセンサーを赤く光らせたのだ。すると、作業員たちが我先にと全速力で走って避難してきた。いくら「走るな！」といっても止まらない。「避難時には落ち着いて行動させなければならない」という新たな課題が浮き彫りになったかたちだが、それでも私はうれしかった。現場のワーカーたちがOSVの意味を理解し、期待以上に真剣に行動に移してくれたからだ。

広がりを見せるOSV

さまざまな取り組みの末、ようやくOSVの存在が認知・理解されたころには、もともと担当していたデリーメトロのフェーズ2の工事も終盤にさしかかっていた。そこで、プロジェクトの締めくくりとして、シンポジウムを開催することになった。

第1章でも触れたが、デリーメトロのフェーズ1が完了した時点で、一部のメトロは開業していた。この成功が呼び水となり、インド国内の各都市で複数のメトロプロジェクトが動き出していたため、各メトロ公社の関係者を招待し、OSVを披露したのだ。

参加した各社の反響は想像以上に大きかった。こんなにいいものがあるなら、ぜひ自社の現場にも導入してほしいという声が多数挙がったのだ。なかには「デリーメトロばかりひいきしてずるい！」という子どもじみた発言をする人まで出てきたくらいだ。

なかでも、特に強く要望してやまなかったのが、バンガロールメトロ公社だ。この時点で、私は、デリーメトロのフェーズ2での職務を終えた後は、品質責任者としてバンガロールメトロの現場に移ることが決まっていた。そこで、バンガロールメトロで再び安全対策の実施を案件化しようと考えたのだ。

バンガロールで新たな課題解決に向けて動き出す

　バンガロールで安全対策を実施することにした私には、一つの思惑があった。施策に、環境対策も加えようと思ったのだ。具体的な対象として考えていたのが、工事現場の粉塵だ。

　かつての日本では、粉塵対策が不完全だったために、後に中皮腫を発症する人が数多く出て、深刻な労災問題に発展している。これを教訓とし、日本の工事現場では粉塵を計測し、数値に応じて各作業員がマスクを着用するのが基本となっている。

　インド各地のメトロ工事現場の規定でも、構造物の沈み込みや傾きの計測同様、作業前に粉塵量を計測することが義務づけられている。しかし、私が従事していたデリーの現場では、粉塵を計測している場面はもちろん、ワーカーが粉塵マスクを着用しているところも見たことがなかったのだ。

　それでも、なぜか計測レポートだけは提出されてくる。私は、この矛盾を突いて各建設会社のエンジニアに詰め寄ったが、誰もがあれこれと言い訳を並べたて、なかなか実情が見えてこない。それでもしつこく食い下がってついに引き出した本音は、「粉塵の計測器は高価なので、各現場に導入しづらい」というものだった。

　たしかに、工事現場で使われるような粉塵計測機は、日本円にして50万円を下らない。そして、計測を義務づけるうえでは、各建設会社が計測器を所有していることが前提になっている。しかしインドにおける工事現場では、粉塵のことなど誰も気にとめない。メトロのために高価な計測器を調達しても、他の現場で活用する機会はほぼないのだ。下請けの各建設会社にしてみれば、高価で使い道が極端に限られた計測器を新調する気になれずにいたわけだ。

　「コストがかからなければ、きちんと計測するのね？」「もちろんだよマダム」——バンガロールメトロプロジェクトを目前に控えた私の頭には、デリーの現場で交わした会話がずっと残っていたのだ。その突破口となったの

が、山口大学の進士正人教授だ。

　OSVでお世話になった芥川教授同様、進士教授も神戸大学櫻井研究室のOBだ。教職に就く前は建設コンサルタントでの勤務経験をお持ちだったため、鴻池組を早期退職した私が転職先を探す際には、さまざまな相談に乗っていただいた。この時の縁がきっかけとなり、その後も近況を報告し合うようになっていたのだ。

　ある時、電話で進士教授と話していると、自身の研究室で開発したスマートフォン用の粉塵計測アプリで特許を申請しているところだという話題が出た。私はこの話に食いついたわけだ。

逆転の発想から生まれた粉塵の計測システム

　進士教授が粉塵計測アプリの開発にいたるまでには、面白いエピソードがある。粉塵計測の仕組みの説明もかねて紹介しておこう。

　建設コンサルタント勤務時代の進士社員は、主にトンネル掘削工事のプロジェクトを担当していた。現場では、工程ごとに記録写真を撮ることが義務づけられているため、よく撮影を担当していたという。

　トンネルの工事現場というのは光量が不十分なので、オートフォーカスのカメラだと、自動的にフラッシュが点灯する。しかし、フラッシュを点灯させると、現場内に舞っている粉塵がフラッシュの光を乱反射させてしまい、現場の様子が写らない。当時はフィルムカメラの時代だったので、現像してから白くボヤけたような写真しか撮れていないことが発覚し、よく上司から怒られたのだそうだ（P.101写真）。

　失敗を経験した当時の進士社員は、粉塵に遮られずに現場の様子を写真に収めようと腐心するようになる。後に山口大学の教授になってから思いついたのが、敢えて粉塵を写すことで、大気中の粉塵量を計測できるのではないかという逆転の発想だ。進士教授がこの着想を得たころの世の中では、すでにデジタルカメラが普及していた。そこで教授は、画像の

粉塵が乱反射したトンネル工事現場の写真

解析ソフトを開発し、現場の画像データをコンピュータに取り込んで粉塵の量を計測するという仕組みを生み出した。

　ちなみに、計測地点の大気を一定量機器内に取り込み、そこに含まれている粉塵の重さから濃度を割り出すというのが通常の計測法だ。しかし、粉塵計測機は高価なうえに、使用を重ねるうちに吸気口が目詰まりするので小まめな手入れが欠かせない。また、粉塵の量は計測できても、粒子の大きさまでは検知できない。進士教授が考え出した計測法は、こうしたウィークポイントの打開策にもなるわけだ。

　さらに時代が進むと、今度は進士研究室の学生が中心になって、パソコン用のソフトを発展させるかたちでスマートフォン用アプリを開発した。スマートフォンで撮影した画像をそのまま解析できるように進化させたのだ。先に、進士教授との電話で特許申請が話題に出たと記したが、それはまさにこのアプリのことだった。

　話を聞いた私は、これこそ自分が探し求めていた理想的な解決策だと

思った。折しも、当時のインドはスマートフォンが大流行しているさなかにあったため、所有者が急増中だった。自前のスマホにアプリをインストールするだけで計測できるようになるなら、一番のネックだったコストを大幅に低減できるはずだ。

電話で概略を聞いただけで大きな可能性を感じたのだが、進士教授は、近々タイのバンコクに出張する予定があるとのことだった。ぜひ直接お会いして、より詳しい話をうかがいたいと思った私は、ついでにインドに立ち寄っていただきたいとお願いした。進士教授は、「タイからインドを経由して日本に戻るなんて、ちっとも"ついで"にならないよ」と苦笑しつつも、協力を快諾してくださった。

"デリーの二番煎じに甘んじるのか"が殺し文句

進士教授から詳細をうかがって、いよいよ確信を深めた私は、さっそくバンガロールメトロ公社に提案をもちかけた。ところが、同社の経営陣は、紙のマスクをワーカーに支給して、従来以上に指導を徹底することで十分ではないかと言い出した。

OSVのシンポジウムを開催した際、自社の現場にもぜひ導入したいという公社が次々と出てきた旨を紹介したが、これには、インドならではの事情も大きく影響している。広大な国土を有するインドでは、地域間の対抗意識が強い。つまり、純粋に自社の工事現場における安全確保の必要性を感じて熱望したというよりは、「デリーに遅れをとってなるものか」という競争心が少なからずはたらいていたのだ。

そんなバンガロールメトロ公社にしてみれば、OSVを導入できれば気が済むわけだ。さらにいえば、円借款契約に調印してメトロ整備を開始した以上は、定められた規定に沿ってプロジェクトを進めることが、事業主の義務になる。プロローグで触れたとおり、かつてイギリスの統治下にあったインドは、早期から鉄道事業に乗り出している。鉄道工事に関する国内

の規定も、イギリスを手本にして策定されているため、レベル自体は決して低くない。粉塵計測と、必要に応じたマスク着用も、インド国内の規定できちんと義務づけられているのだ。現場では、この義務が果たされていないわけだが、公社としては規定を順守している建前でものごとを進めている。つまり、改めて粉塵計測の徹底に焦点をあててしまうと、自ら建前を崩すことにつながりかねないので「支給するマスクを増やせば十分だ」という消極論になるわけだ。

しかし、粉塵による健康被害が表面化するまでには10年、20年単位の時間がかかる。マスク着用の効果は、すぐに実感をともなって確認できるわけではないのだ。現場に出るエンジニアやワーカーたちにマスクを配り、口うるさく言うだけでは定着するわけがない。そこで私は、日本の塵肺問題を持ち出した。

「日本では、工事終了から20年以上経って問題が表面化しました。幾多の裁判が起こり、かつての事業主や建設会社は、今になって被害者やその遺族に多額の賠償金を支払っているのです。そして、賠償責任を負った会社は、当時、今のあなたがたと同じように、事態を軽視していたのです」

さらに私は、インド人気質も刺激することにした。OSVの導入だけならデリーメトロの真似をしただけで終わると指摘したのだ。

「せっかくインド初という栄誉を得られるチャンスがあるのに、デリーの二番煎じに甘んじるだけで満足なのですか？」

メトロ工事が先行しているデリーでは、諸問題に直面するタイミングも、他の都市より早いはずだ。私は続けてたたみかけた。

「ここで決断を見送ってしまうと、またも先駆者の座をデリーに奪われかねませんよ」

あの手この手の説得が奏功したのか、バンガロールメトロ公社は、ようやく安全対策に粉塵計測も盛り込むことに同意した。デリーメトロへのOSV導入を通じて、すでにインドの工事現場における安全対策の意義を十分

に理解していたJICAからも許諾を得て、調査案件としてプロジェクトが正式に決定したのだ。

幾多の試行錯誤を経て、アプリの開発導入を実現

こうしてプロジェクトは動き出したが、単に開発済みのアプリをそのまま導入するというわけにはいかなかった。進士研究室のアプリは、初期のOSV機器同様、主にトンネル工事現場での利用、すなわち暗い環境下での使用が想定されていたからだ。一方の私は、プロジェクトを進めるにあたり、地上の現場、つまり太陽光の下でも利用できるようにしたいと考えていた。古い建物を解体する際やコンクリート構造物を削る際など、粉塵を吸い込むリスクが生じるのは、なにも地下現場に限った話ではないからだ。

しかし、進士教授の計測法は、暗いなかで大気にフラッシュの光を当てることが大前提になっている。進士教授と私は、太陽光下にある現場でも粉塵を計測する方法について、幾度も協議を重ねた。

そして、さまざまな試行錯誤の末に行き着いたのが、内側を黒くしたダークボックスを使う方法だ。まず、ボックス側面の小窓にスマートフォンを取り付ける。次に、ボックスを開いて計測したい地点の大気を入れて密閉する。この状態でフラッシュを光らせながら箱の中を撮影し、写った粉塵の量をアプリで計測するわけだ（P.105写真）。粉塵量を正確に計測するために最低限必要なサイズとして、ダークボックスは大きめのスーツケースくらいにした。

その後は、ひたすらサンプルデータの採集とアプリの調整が求められる。実際の粉塵量をデジタル粉塵計測機で計測したうえで、同じ地点の大気の画像をダークボックスとスマートフォンを使って撮影する。粉塵計測機が示した値と、画像に写り込んだ粉塵量の関係性を見ながら、アプリの解析アルゴリズムを調整していくのだ。

本来なら、専門のプログラマーに任せるような職務だが、例によって資

太陽光の下で計測できるように改良した粉塵計測機

(1) 大きなダークボックスを計測地点に運ぶ

(2) ボックス側面の小窓にスマートフォンをセットする

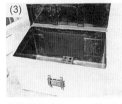
(3) 内側を黒くしたボックスに計測地点の大気を入れる

(4) ボックスを密閉し粉塵の量をアプリで計測する

金に余裕はない。私は、進士教授に依頼して特にプログラミング能力に秀でた大学院生を現地に派遣してもらうことにした。

こうしてやってきた佐々木雄紀君は、2名のワーカーを従えてデジタル粉塵計測機とダークボックスを現場内のさまざまな場所に持ち込み、データをとってはプログラムを調整するという地道な作業を繰り返してくれた。

約3カ月におよぶ努力が実り、アプリが信頼のおける計測数値を示すようになると、私はOSVの時と同様、ワーカー向けの説明板を制作することにした。説明板にはカラーパネル抜き差しできるようにし、マスクなしの素顔、ペーパーマスクをつけた顔、防塵フィルター付きの重厚なマスクを装着した顔の3種をスタッフに描き込んでもらった（P.106写真）。

安全担当のエンジニアが現場の粉塵量をアプリで計測し、数値に応じて、青・黄・赤いずれかのカラーパネルをはめ込む。ワーカーたちは、エンジニアがはめ込んだパネルの色に応じて、マスクの要不要や、装着すべきマスクの種類を判断するという仕組みにした。

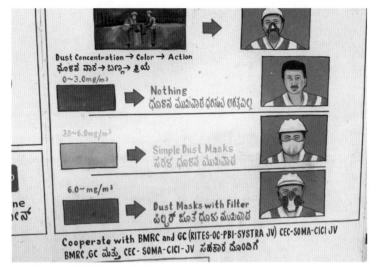

3種の顔が書かれた説明板

　説明板の制作と並行して、安全管理担当の各エンジニアには計測法に関する講習を実施したが、これは思いのほか早く浸透した。おそらく、新しもの好きというインドの国民性が大きく影響したのだと思う。スマートフォンを手に入れたばかりというエンジニアが多かったため、公私を問わず、活用する場面を増やしたくてウズウズしていたのだ。誰もがアプリの使用に積極的になってくれた。一方で、ガラケーユーザーのエンジニアからは「スマホを持っている奴ばかり計測できるのはずるい」と詰め寄られることもあり、どうなだめたものか困るやら、計測したがってもらえてうれしいやらという複雑な思いも味わった。

　また、数値に応じてカラーパネルを差し替えるという作業も、ゲーム感覚で受け入れやすかったようだ。導入後、現場の視察に行くと、エンジニアの方から駆け寄ってきて「マダム、数値が2mgだったから黄色いパネルをはめました！」と報告してくれるほどだった。もっとも「自分で黄色いパネルをはめておきながら、なんであんたはマスクしてないのさ」という類の突っ

第3章 セイフティ・ファースト

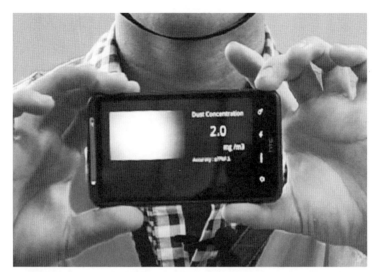

2mgと映し出されたスマートフォンの画面

込みどころは多々あったのだが。

　後から気づいたのだが、説明板の設置は、単にワーカーに対処法を理解させるというだけでなく、決まりを守っていない者を注意する際に説得力が出るという意味でも効果が大きかった。

　安全管理責任を負っているエンジニアはもとより、ワーカーに対しても「絵で示しているのに、なぜ決まりを守っていないの？」と注意すると、誰もがいそいそとマスクを取り出して装着するのだ。

　さらにいえば、「自分でパネルをはめたからには自ら規範を示し、ワーカーに適した対応をとらせるのがあなたの責務だ」と言ってやると、素直に受け止めるケースが多かった。説明板がないところで計測数値を根拠に注意するだけでは、こうはいかなかっただろうと思う。

講習会には専門医も招聘

　デリーメトロでOSVを導入した際に身をもって実感したが、安全対策の

実施を現場レベルで浸透させるには、粘り強く説明を繰り返す必要がある。バンガロールメトロの現場でも幾度となく講習会を実施したが、ある時ふと思いついて、呼吸器の専門医を招聘した。

エンジニアや私が粉塵の恐ろしさを説くより、医師から警告を発してもらう方が、はるかに心に響くのではと考えたのだ。招聘に応じてくれた医師は、私が「思い切り脅してやってください」と依頼すると驚いていたが、狙いは的中した。

講習会で、医師が「咳が出ていませんか？喉がイガイガすることはありませんか？」と問いかけると、集まったワーカーたちの表情はにわかに引き締まった。「そんな症状が出たら、粉塵を吸い込んでいる証拠なんですよ。そういう環境下でマスクを着けずに働き続けていれば、将来、深刻な病気になってしまう」──誰もが、医師の言葉に真剣に聞き入ることとなった。

以降、安全管理担当のエンジニアたちは、計測とカラーパネルの入れ替えに、より真剣に取り組むようになり、現場で作業しているワーカーたちは

ワーカーを対象に安全対策を説明する講習会

パネルに注意を払うようになった。マスクを要する数値が出ているのに素顔のままでいるワーカーを目撃する機会も、以前よりはるかに減った。なお、バンガロールでも、インド道路中央研究所のラビ氏に依頼して、エンジニアやワーカーにアンケート調査を実施してもらった。ラビ氏によれば、デリーメトロへのOSV導入時よりも、よりスピーディに変化が現れたという。

「そもそもインドでは、自動車の急増による大気汚染が社会問題として広く認知されているため、日常的にマスクを着ける習慣が浸透しているのです。粉塵計測アプリが導入されるまでは、現場の汚染レベルを知らされないからマスクを着けずにいたという側面があります。医師の警告なども大いに影響して、パネル表示で注意喚起されるようになって以降は、進んでマスクを着用するワーカーが目に見えて増えました。

エンジニアの方も、粉塵を以前より深刻に捉えるようになっているようです。今のところ、インドには粉塵に関する共通のガイドラインがないのですが、バンガロールメトロに携わったエンジニアのなかには、自分たちでデータを収集して新たなガイドラインをつくるべきだと声をあげている人も出てきています」

こうして、バンガロールメトロにおける安全対策や環境対策の実施は、一定以上の成功を収めたが、個人的には、これに慢心してはいけないと思っている。OSVにしてもアプリによる粉塵計測にしても、比較的スムーズに受け入れられた背景には、デリーへの対抗意識や目新しさが少なからず影響したと考えられる。悪い意味での慣れが生じてしまえば以前の状態に逆戻りする恐れがあるし、"何かと口うるさいマダム"が別のプロジェクトに移ってしまえば、タガが緩む可能性もあるからだ。

すでに幾度か、海外支援事業における私たちコンサルタントの存在意義は、目の前の事業を完遂させることではないと触れてきた。地元の人たちだけでも事業をまわせるようなノウハウを伝授し、定着させることが肝要なのだ。

安全対策や環境対策についていえば、単に有効な技術やノウハウを導入してみせるだけでなく、インド人自身が重要性を十二分に感じ取り、自ら維持向上させていくように仕向けることが不可欠だ。私自身、その必要性を強く感じているものの、なかなか有効な手段を見つけられずにいる。

　そんななか、一つのヒントになるようなできごとがあった。バンガロールでの安全対策プロジェクトを終えた後、私はバンガロールメトロ公社から「ベスト・セーフティ・アワード」を受賞したのだ。

　これは、年に一度、もっとも安全確保に貢献した人を表彰するというもので、これまでの受賞者選出にあたっては、管轄エリアにおける事故発生件数の少なさなど、定量的なデータを評価対象にしていたという。しかし私はといえば、特に数値化できるような実績を上げたわけではない。不思議に思って総裁に理由を尋ねると、意外な答えが返ってきた。

　「もちろん、与えられた条件や環境のもとで優れたパフォーマンスを発揮することも重要です。しかし、あなたの場合は。自ら新しい課題を見つけ出し、その解決を職務に転化してくれた。単に決まりを守るというだけでなく、多くの人が見過ごしてきた課題に着目して安全性向上を追求する姿勢も重要なのだと、工事関係者に示したかったのです」

　うがった見方をすれば、私がこの賞の受賞者として選ばれた背景には、JICAや日本に対するおもねりの意が込められていたのかもしれない。しかし、課題を発掘し、その対策実施が受賞の対象になったという事実に変わりはない。賞の創設自体、安全確保に関する職務へのモチベーションアップを促すグッドアイデアだと思うが、今回のような取り組みも高く評価されるとなれば、安全に対する関係者の意識向上にも良い影響を及ぼすだろう。

デリーとバンガロールをモデルケースに

　デリーにおけるOSV導入の締めくくりとしてシンポジウムを開催した際、私は安全対策の意義を広く認知してもらうには良い機会になるのだと実感し

た。そこで、バンガロールでも同様にシンポジウムを開くことにした。

デリーではインド国内の他のメトロプロジェクトの事業者を対象にしたが、今度はバングラディッシュのダッカメトロ、フィリピンのマニラメトロ、インドネシアのジャカルタメトロと、他国のメトロプロジェクトの事業者を招聘した。後に、ジャカルタメトロからオファーを受け、OSV導入を実現させたことからも、一定以上の成果があったと思う。

OSV導入のきっかけとなった芥川教授との面談のエピソードでも触れたが、私は、かねてから開発途上国における安全対策や環境向上のための技術や管理方法の導入を一つの学術分野にし、知見を広く共有するべきだと考えていた。そこで会社に願い出て、バンガロールメトロプロジェクトにおける担当職務を終了した後は、大学で博士課程に臨ませてもらうことにした。

デリーとバンガロールでの経験をもとにさらに研究を重ね、学術論文にまとめようと考えたのだ。デリーで苦楽を共にした同僚の泉氏はOSVをテーマに神戸大学で、私のほうは粉塵対策をテーマに山口大学で、それぞれ博士課程に臨み、4年がかりで英語論文を上梓した。博士論文なので、もちろん学術的な検証や研究成果を記載したが、個人的に重視していたのは、開発途上国の建設現場という特殊な環境下ではどのような問題が発生しやすいのかを紹介し、それらにどう対処していくべきかについて言及することだった。一般的に、土木建築学は経験工学といわれているし、職業としては世界最古ともいわれている。先人から受け継いできた技術や経験を、より前に進めて次世代につなげていくことが、今を預かっている我々の世代の責務なのだ。

留学や海外実務経験を通じて、私の英語力は学生時代からずいぶん高まっていると自負するが、それでも万全というにはほど遠い。報告書の作成程度ならともかく、論文の執筆ともなると、今でも悪戦苦闘を強いられるのだ。それでも敢えて英語論文にしようと思ったのは、一人でも多くの人に

目を通してもらい、一つでも多くの現場でノウハウを取り入れてほしいという願いがあったからだ。

　事実、ベトナムやロシアなどからは、論文を読んだ事業者から、問い合わせや相談を受けた。多少なりとも当初の狙いがかなったわけで、苦労した甲斐があったと思っている。

　余談だが、インドに渡ってからの私は、数少ない女性土木技術者として、やたらと日本のマスコミから取材オファーを受けるようになっていた。取り組み内容そのものに関心が寄せられているならともかく、男性が担当したのであればさして話題にならないような職務にスポットを当て、私が女性であることだけが取り沙汰されるのは不本意だ。当初は、かたくなに断り続けていた。

　帰国した際、そんなグチをこぼした私に対して、大学院時代の恩師・櫻井教授は言った。

「君の経験や実績を通じて、建設コンサルタントの職務内容を世間に広く認知してもらうのは、大変に意義深いじゃないか。それがきっかけとなって少しでも後進が増えれば、君だって嬉しいだろう。注目された理由なんてどうでもいい。広告塔を務めるのも重要なミッションだと考えなさい」

　以来、私はマスコミからの取材オファーに応じるようになった。今振り返れば、博士論文や本書の執筆など、自身の経験や知見を広めることに意義を見出すようになったのも、この助言によるところが大きかった気がする。私は、年齢や経験を重ねた今でも、櫻井教授に教えられ続けているのだ。

第4章

未来のエンジニア諸君

第4章 未来のエンジニア諸君

　大学に進学したばかりのころ、私は「土木」と聞けば泥臭く野卑な世界を、「コンサルタント」と聞けば得体のしれない中間搾取業者を連想していた。世間からは、ともすればよからぬイメージを抱かれ、少なくとも「なんだかよく分からない」と思われがちな状況は、今もそう変わっていないのではないだろうか。また、いまだに女性であることを理由に取材や講演の依頼を受けることが多いことに対しては、「いつまで女性が珍しがられるのだろう」という、辟易と不安が入り混じった感情を抱いている。こうした現状を打破するには、若い人たち、とりわけ女性に土木やコンサルタントに対する理解を深めてもらう必要がある。本章では、そう考える私の取り組みや、職務の魅力、可能性について紹介していきたい。

きっかけは、ある女子大生との出会い

　私がデリーメトロプロジェクトでトンネルエンジニアとして勤務しているころ、母校の神戸大学で講演する機会があり、現役の学生たちを対象に、海外案件に携わる苦労や魅力、職務内容について話した。

　数日後、後にOSVのプロジェクトでお世話になる芥川教授から連絡を受けた。「うちの研究室に、詳しい話を聞きたがっている学生がいる」とおっしゃるので、機会を設けることになった。

　この時に出会ったのが、楠井彩子さんだ。いずれは海外で働きたいと思っているものの、まだ漠然としていてイメージが固まっていないという様子だった。参考までに、経験者の具体的な話を聞いてみたかったのだろう。私は、働きながら予備校に通った話やノルウェーでの経験、インドでの職務内容話などについて話した。

　そんな初対面から数カ月後。デリーに戻って働いている私のもとに、芥川教授から電話が入った。「前に会ってもらった楠井がそっちに行くから、数日面倒を見てやってくれ」——彼女は、現場の様子や現地で働く私の様子を、自分の目で確かめたいと言っているのだそうだ。

正直なところ、この時の私にとっての楠井さんは、巷によくいる「海外に憧れる大学生」の1人としか映っていなかった。しかし、当の彼女は私の話を聞いて、海外で働くことへの想いをいよいよ強めていたのだ。

　数日後、インド入りした彼女を現場に案内すると、どこに連れて行っても食い入るように見つめている。そんな様子を見て、私はようやく「この子は本気なんだ」と、考えを改めた。

　その後、第3章で紹介したデリーメトロにおけるOSVの導入が正式に決定した。芥川教授と本格的に連携をとるなか、サポートスタッフとして研究室の学生を1人派遣してもらうことになったのだが、この時点で大学院生になっていた楠井さんは、真っ先に手を挙げたのだそうだ。

　ちなみに芥川教授からは、最終候補は2人いて、もう1人は男性だと聞いた。この時、私の頭に反射的によぎったのが「女の子は、いろいろ面倒かもしれないな」という思いだ。これには、自分で驚いた。

　女性と聞いただけで面倒だと決めつける人たちに、ほかならぬ私自身がさんざん苦汁をなめさせられたんじゃないか――私は大いに反省した。また、客観的に見ても、事前に自費でやってくるほどの熱意には敬意を表するべきだ。こうして、記念すべき（？）私の受け入れ学生第一号は、楠井さんに決まったのだ。

人を育てることを通じて自身も学ぶ

　第3章で触れたとおり、OSVの導入は、私をはじめ、インドやJICAにとっても初のことだったが、個人的には、戦力として学生を受け入れるのもこれが初だった。また、単独でインド入りしていただいた環境総合テクノスの高橋氏にとっては、OSV設置工事を理解しているのが自分1人だけという状況が初めてのことだったはずだ。そして楠井さんにいたっては、初体験でないことのほうが少なかっただろう。

　人件費削減と労働力確保という相反する課題の解決策だったとはい

え、我ながらよくもこんな強硬策を断行したものだと思う。

ちなみに、事前に芥川教授と話し合って決めていたことだが、現地入りした学生には、いわゆるお客さん扱いで接するのではなく、本気で戦力として働いてもらうつもりでいた。そこで、楠井さんには、打ち合わせのセッティングや書類の整理などを担当してもらっていた。慣れるに従い、任せる仕事の幅を広げていったが、任せたからには口出しせず、結果の報告を受けるというスタンスに徹した。

そもそも、社会人として働いたことがないので無理もないことだが、最初の数日間は、なにかあるたびに「どうすればいいでしょう？」という類の質問を受けた。しかし、私は決して直接的には答えなかった。

「どうするのがベストだと思うのか、自分の考えを用意してから相談しなさい」

インド人には自己主張が強いタイプが多いし、相手が弱気だと見るや、なめてかかる不届き者も少なくない。見るからに「女の子」である楠井さんは、ワーカーやエンジニアから、さんざん困らされたに違いない。そのうえ頼みの綱であるはずの私からは突き放されるようなことを言われ、そうとう困惑したはずだ。

実際、途方に暮れて立ち尽くす姿や、物陰で泣いている姿を見かけたこともあった。それでも私は気づかぬふりをした。自分でも、社会人として働いたことのない学生相手に、ずいぶん酷な対応だと思う。しかし、これには私なりの理由があった。

それまでの経緯を見ても、海外で働きたいという彼女の想いは本物だ。そして、業種や職種を問わず、海外で働く際には、単独で現地に放り込まれるケースが少なくない。考え方や風習が異なる人たちを相手どって臆さずに意思を伝え、動かしていくというのは、海外で働くうえでの必須条件だ。単独で現地入りしている場合はもちろん、日本人の同僚がいる場合でも、いちいち相談をもちかけてアドバイスを受けている余裕などない。自分

の頭で考え判断することは、基本中の基本なのだ。

　私からこと細かに指示を出していたのでは、将来、彼女が本当に海外で働くことになった際、すぐに窮地に陥ってしまうはずだ。本気度が高ければ高いほど、早い段階で現実に直面してもらい、理想とのギャップを埋めておくべきだと考えたのだ。ある種の親心でやったこととはいえ、さぞかし恨まれただろうと思っていたが、本書の執筆にあたって改めて当時のことを聞いてみると、本人の受け止め方は違ったようだ。

　「特に、環境総合テクノスの高橋さんや私がインド入りした当初は、次々と想定外の事態が発生していました。具体的に何が問題なのかは分からないまでも、よからぬ事態が起きて急きょ対応を迫られているということは、お2人の様子からうかがえました。そんななかで、私はといえば胃腸の調子が悪くなったり熱中症に罹ったりと、休ませていただくことも出てしまって……。阿部さんも高橋さんもすごく忙しそうなのに、自分は何の役にも立っていないと、ずっと悔しく思っていたんです。だから、大まかな指示だけで

インドの環境にも慣れ、ワーカーとコミュニケーションをとる楠井さん

仕事を任せていただけたのは、多少は信頼していただけている表れのように思えて、むしろうれしかったですね」

　確かに、当初はインドの食事や風土に慣れず体調を崩すこともあったが、2カ月ほど経ったころの楠井さんは、すっかりたくましく変貌していた。そんな彼女の奮闘ぶりに感じるところがあったのだろう。あるインド人スタッフが、「きっとアヤコは、第二のアベレイコになるね」と声を掛けたことがある。それに答えた彼女の言葉は意外なものだった。

　「いいえ。私は第二のアベレイコになるつもりはありません。第一のクスイアヤコと呼ばれたい」

　実をいうと、一時期の私は「本当にこの接し方が正しいのだろうか」と揺らいでいた。しかし、この一言を聞いて、当初の方針を貫いてよかったのだと思えたし、なによりも彼女の成長ぶりが自分のことのように誇らしかった。ただし、彼女の受け答えが強さやたくましさの表れだと感じたのは私の早とちりで、本人によると言わんとするニュアンスは違ったらしい。

　「もの怖じしない強さや行動力の旺盛さを目の当たりにして、阿部さんって本当にすごいんだなと思うことばかりでした。"第二のアベレイコ"になるなんて、とても私にはムリだって言いたかったんですよ(笑)。だからといって、卑屈になっていたわけでもないんです。みなさんを拝見していて、誰もが自分なりの仕事の取り組み方を確立していると感じました。阿部さんのコピーにはなれなくても、私なりのやり方があるはずだと思ったので"第一のクスイアヤコ"と表現したのです」

　こういう楠井さんは、大学院に戻った後、芥川教授のつてを頼ってオーストラリアに留学し、そのままオーストラリアの鉱山技術者として活躍している。現在は、彼女自身もプロジェクトをマネジメントする立場になっているが、今振り返ってインドで一番勉強になったことは何かと尋ねると、とても面白い答えが返ってきた。

　「話をうかがっただけのころは、事前に想定した筋道に沿って仕事を進

めていらっしゃるのだと思っていました。しかし、現実は違いました。私がインドにいる間だけでも、毎日のように想定外のトラブルが起きて、予定通りに進まないことの方が多いものなのだと知りました。

　今、私が入っている現場も同様で、思い通りにならないことばかりですが、クヨクヨ気に病むことなく受け止められています。これは、阿部さんが想定外だらけのなかで最終的にはプロジェクトを成立される様子を実際に見たからなんですね。"最後はなんとかなるものだ"という図太さを植えつけていただけたのだと思います（笑）。プロジェクトの推進役を務めるうえでは、ここが一番重要ではないかと」

　一方で私の方も、楠井さんを受け入れたことで、新たな気づきを得られた。先述したが、「女性」と聞いただけで面倒だと思ってしまうことについても、一概に偏見とはいえないと思ったのだ。

　自分が思われる側だったころは理不尽さしか感じていなかったが、実際問題、インドの工事現場には女性用の更衣室もトイレもない。また、楠井さん自身も体調を崩したが、平均的に見れば、体力面では女性は男性にはかなわない。

　受け入れる側は、なにかと気を遣う必要が出てくるのだ。もちろん、気を遣うことについて「面倒」と感じるのか「当然の責務」と感じるのかという問題はあるのだが、少なくとも男性に比べて女性が手間やケアをより必要とするのは事実だ。この点に気づいたとき、私は改めて、過去、自分を受け入れてチャンスを与えてくださった方々への感謝の想いを深くした。

　以降、数人の学生を迎え入れているが、過度なフォローはしないという私のスタンスは不動だ。これも、楠井さんから教えられたようなものだ。こう考えてみると、学生さんとの接点を通じて、むしろ私の方が成長の機会を与えてもらっているのかもしれない。

インドの大学で教鞭をとることに

　デリーでのOSV導入以来、日本の大学と連携する際には、その大学の学生を預かるようにしてきている。一方で、インドの学生とはほぼ接点がないまま過ごしてきたが、バンガロールメトロプロジェクトに従事した後、インド科学大学から講師のオファーを受けた。インドの若者と交流するいい機会だと思って引き受けたのだが、リクエストされた講義内容はちょっと意外だった。

　土木技術やプロジェクトマネジメントについては、おまけ程度でいいというのだ。自身の経験や経歴をもとに、あきらめずに頑張っていれば道は拓ける、土木工事に関わり続ける道があるのだと、女性の学生たちに示してほしいと頼まれたのだ。

　これには、インドにおける土木建築業界に対する根深い偏見が影響している。まずは背景から説明しておこう。

　貧富の差が激しいインドにあって、大学にまで進学できるのは一部のエリート層の子どもに限られている。そして、インド科学大学にも土木建築分野の学部・学科があり、少数ながら、この分野で学んでいる女子学生も存在する。

　一方で、インドにおける工事現場のワーカーは、貧困層・低学歴者が圧倒的多数を占める。このため、娘が土木建築について学んでいたとしても、下層民がひしめく現場に関わるような仕事に就くことは許さないという親がほとんどなのだ。

　通常、理系に進む学生というのは、将来就きたい職業と大学での学問を結びつけて考えていることが多い。これはインドも日本も似た傾向にあるといえるが、土木建築について学んでいる女子学生に限っていえば、話は違ってくる。

　親が断固として反対するので、土木建築分野の職業に就くことを端から諦めてしまうのだ。せっかく高度な専門性を身につけているのに、これはいかにももったいない。さらに言えば、「どうせ関連する仕事には就けないの

だから」というあきらめが先立ってしまい、学ぶことに対するモチベーションを下げてしまう学生も少なくないのだという。

　大学側としては、こんな状況に、なんとか風穴を開けたいという想いがあったわけだ。そこで私は、実際の工事現場での事例を題材として取り上げるようにした。インドでの鉄道プロジェクトの進め方や、メトロ事業に次いで導入の可能性の高い日本の新幹線技術の概要、工事現場で体験した笑い話、今まで女性技術者として立ち向かってきた試練など、自身の知見・経験をもとに話すことで、少しでも臨場感や受講者側の関心を高めようとしたのだ。

　受講生は25名程度だったが、大学が熱心に呼びかけた甲斐あって、10名くらいが女性だった。なかには、最前列で熱心にメモを取りながら受講する女子学生もいて感慨深かった。印象に残っているのが、ある日の講義後のことだ。最前列で受講していたうちの1人が、誰もいなくなった講義室に戻ってきて「相談に乗ってください」という。聞けば、自分の両親は、建設関係の仕事に就くことをどうしても許してくれないので、家に来て説得してほしいというのだ。

　私がバンガロールで働き続けることになっていれば「責任を持ってお預かりするので安心してください」と言ってあげられるが、現実には、プロジェクトが終われば別の地に移ってしまう。そして、自分が面倒を見続けると約束できない以上は、彼女の両親に言えることはないのだ。

　私は、名刺を渡しながら「今は力になってあげられないけど、5年後でも10年後でもいい。ご両親に許してもらえたら、ぜひ連絡してきてほしい」と声をかけるのが精いっぱいだった。高い知識や意欲を備えている学生が助けを求めてきているのに、助力してあげられないという現状には、とても考えさせられた。

　いつか彼女たちが仕事をしたいと希望してきたときには、受け入れてあげられる体制を整えたい——そう思うようになったことから、バンガロールメト

ロの次に従事したアーメダバードメトロでは、積極的に女性を登用した。現在、私が総括している地下工区の設計部門には8名のスタッフがいるが、その半数は女性だ。今すぐに事態を大きく変えることはできなくても、この取り組みが無駄でなかったと思える日が来てくれることを信じ、私は今後も女性を積極登用する方針を続ける所存だ。

土木コンサルタントという仕事の魅力

　本章の冒頭でも白状しておいたが、土木分野に進学したにも関わらず、学生時代の私はコンサルタントの職務内容についてほぼ無知だった。現在の私は、日本の大学から依頼を受けて講演する機会が多くあるが、この時に職務内容について紹介すると、聴講した学生には、コンサルタントの役割について「知らなかった」と言う人が少なくない。また、存在くらいは知っていたとしても、事前調査や設計だけを担当するものだと思い込んでいる人が多い。つまり、建設コンサルタントでは「現場に関われない」「最後まで事業を見届けることができない」と誤解されているのだ。このため、建設会社や地方公共団体の土木建築セクションを志望する人が大半を占め、建設コンサルタントは、希望する就職先の選考過程でとん挫した場合の"すべり止め"と位置づけられるケースが多いように感じる。

　学生時代の私自身が同じような考え方だったわけだが、前章までに紹介してきたように、建設コンサルタントの社員も現場に出るし、工事の進捗状況を、自分の目で確認できる。また、他の業種にはない建設コンサルタント独自の魅力ややりがいも多くあるのだ。実務に就いている身としては、誤解されたまま滑り止めにされてしまうのは、なんとも寂しく悔しい。そこで、建設コンサルタントという仕事の魅力について紹介しておきたい。

　まず挙げられるのが、大きなプロジェクトに関われるチャンスが多いということ。そもそも建設コンサルタントのミッションは、事業主に必要な専門知識やノウハウがないケースで発生する。

元請けの建設会社が全体を管理できるような規模のプロジェクトであれば建設コンサルタントは不要だが、複数の建設会社が関わるような大きなプロジェクトになれば、全体を俯瞰し、適切にコントロールする建設コンサルタントの必要性が高まる。このため、インドのメトロ事業のように、地域や国を挙げて心血が注がれるようなビッグプロジェクトに従事できる可能性が高いのだ。特に海外の場合、インフラ整備が遅れている国や地域は枚挙にいとまがないくらい存在する。そして、日本の土木建築技術は世界的に見ても高いレベルにあるため、日本の建設コンサルタントが求められる場面も多いのだ。そういう意味では、本章で紹介した楠井さんのように、海外で働きたいと思う人にもおすすめの職種といえる。

　また、事業の検討段階から完成後の運用まで、長く関わり続けられることが多い点も、建設コンサルタントとして働く魅力の一つだ。地下鉄事業でいえば、事業の必要性を検討するためのフィージビリティスタディ（実行可能性調査）から、施工管理、完成後の運用まで関わることになる。もちろん、会社組織に属する以上は、途中での異動もあり得るが、基本的には長く関わり続けられる可能性が高い。先に、ビッグプロジェクトに関わる機会が多いという話をしたが、事業規模が大きければ、それだけ社会に与える影響も大きくなる。ものづくりに携わる者として、自分が関わった事業が、社会や市民にどのように受け入れられるのかまで確認できるというのは、大きな張り合いになる。

　そして、事業主に近い立場で職務に従事する点も、建設コンサルタントの大きな特徴だ。第3章で紹介したOSVや粉塵計測のように、課題があれば自分で解決方法を探し、事業主に提案するかたちで仕事を創出できるのだ。すでにつくるものが決まっていて、定められた予算と期間のなかで完成を目指す建設会社との一番の違いは、ここにある気がする。ただし、依頼された職務をこなしながら、さらに自分で仕事を増やすわけだから、個人の想いの強さや意欲に左右される部分も大きいのだが。

簡単に言えば、目の前の課題に集中し、文字どおり自分の手でモノをつくりあげていくという実感を得たいなら建設会社、全体を俯瞰しながら、一つのプロジェクトに一貫して関わり続けたいならコンサルタントということになるだろう。

　土木建築業界のなかで進路を検討しようという方には、このような点も踏まえ、自分のやりたいことをより実現できそうなところ、自分の志向・性格により適しているところを選んでいただければと思う。

エピローグ

本文内でも触れてきたとおり、インド各都市のメトロは短期間で飛躍的な進歩を遂げている。本書の締めくくりとして、その皮切りとなったデリーメトロ事業がもたらした成果や、いまだ解決されていない課題、メトロが開通したことで新たに出てきた課題などについて、1人の日本人エンジニアとしての視点から触れたい。その多くは、後続した他都市のメトロプロジェクトにあてはまる部分も多いと考えている。

「安心・安全」な高速輸送システム

　2002年に運行を開始したデリーメトロは、「世界一ユーザーフレンドリーな地下鉄」を目指す一環として、高齢者や障害者などにも配慮している。具体例として、駅施設へのエレベーターやエスカレーターの設置、客車への優先席導入、駅員や乗務員を対象とした手話訓練などが挙げられる。また、利便性の面では、駅構内に電光掲示板を設置し、電車の発着案内を表示するほか、列車内では電光掲示板と連動した自動音声案内を流している。

　利用者のアンケート回答を見ると、利用目的では通勤や業務上の移動など、仕事関連がもっとも多く、利用頻度ではほぼ毎日という人がもっとも多い。この点からは、都市部とその周辺部のさらなる経済発展に寄与できているといえそうだ。また、メトロ完成前の主な交通手段はバスが最多で、次いで自家用車とオートバイだったが、現在は、メトロが最多となっている。メトロを使う理由には「時間の節約」「快適さ」を挙げる人がほとんどで、当初の目的である「時間の正確さ」「快適さ、清潔さ」「安心・安全」を高いレベルで実現できているといえる。

　現在、デリーメトロは、1日当たり約230万人もの人々が利用していて、同線が多くの市民にとって重要な交通手段となっているのは間違いない。反面、インドでは字を読めない社会的弱者がいまだに多数存在する。そういう人たちにも支障なく利用してもらえるよう、駅構内および車内での音声

サービスを拡充していくことが、目下の課題になるだろう。

女性の社会進出に大きく貢献するメトロ事業

　本文内では、メトロの先頭車両が女性専用車両になっていて、これが女性の社会進出の後押しになっていると触れたが、防犯対策はほかにも導入されている。各車両には防犯カメラと非常通報装置が設置されていて、乗客がトラブルに巻き込まれた際には運転手と通話できるようになっている。同時に、駅員や電話相談スタッフは、このような非常通報に対して最優先で対応するよう指導されている。また、事故防止策としては、女性が着るインドの民族衣装・サリーの裾がエスカレーターに巻き込まれるのを防ぐため、サリーガードと呼ばれる巻き込み防止ブラシが設置されている。

　また、デリーメトロ公社自体も、女性の雇用推進に乗り出している。主要な駅には女性警備員と女性駅員が配置されているし、育児休暇の付与、託児施設の開設、女子寮の設置など、福利厚生面も強化。さらに、女性職員の相談にのる委員会を常設し、働きやすい環境の整備に努めている。

　こうした取り組みの数々を通して、メトロは女性の活動範囲を広げ、女性の移動の自由や社会進出に大きく貢献しているが、女性の利用客からは、駅外の安全についての要望が寄せられているという。今後、州政府

駅構内の監視カメラ
　写真提供：(株)エムアンドワイコンサルタント

一般車両に設置された女性専用座席
　写真提供：(株)エムアンドワイコンサルタント

ヘルプラインを知らせる車両内の掲示
　写真提供：(株)エムアンドワイコンサルタント

エスカレーターに設置されたサリーガード
　写真提供：(株)エムアンドワイコンサルタント

や警察とも連携し、街灯の設置やリキシャの配置など、周辺の治安確保が進むことを望んでいる。

市民の行動様式や考え方の変化

　プロジェクトに関わった者として何よりもうれしいのは「速くて安全、そして快適に乗れるデリーメトロを誇りに思っている」という人が多くいることだが、メトロの時間の正確さは、市民の行動様式や考え方にも影響を及ぼしている。公共交通機関がバスだけだったころに比べ、メトロの開業後は、さまざまなルールを守ろうとする人が増えたという。駅で並ぶ、約束した時間を守るなど、メトロと直結する部分にとどまらず、所属先や自身が今いる場所で定められた規則を守る、公共の場を清潔に保つなど、メトロ以外の領域でも意識の改善が見られるようになったそうだ。

　また、市民の意識の変革につながっているエピソードとして、デリーメトロ公社の女性職員の話がある。駅や車内で女性職員が勤務していると、小さな女の子を連れた両親がその女性職員を指差して「ほら見てごらん。女の運転士（職員）さんだよ。お前も、将来はあんな風になれるんだよ」と言い聞かせる場面に何度も遭ったそうだ。この女性職員は、とても誇りに思うと話している。公共性の高い場所で女性が活き活きと働く姿は、イン

ド人女性にとって憧れの対象になるだけでなく、「いつかは自分も」という励みにもなる。さらにいえば、男性も含めた一般市民の"女性に対する認識（偏見）"をも変えつつあるといえるだろう。

運転士の女性職員　　　　　　　　　　　写真提供：(株)エムアンドワイコンサルタント

大気汚染の軽減にはさらなる対策が必要

　メトロ整備の目的の一つでもあった大気汚染の軽減については、残念ながら目に見えるかたちでは成果が出ていない。むしろ、現在でも年々悪化している。人口・車両の増え方があまりにも急激なため、メトロが開通しただけではなかなか改善に直結しないのだ。ただし、他の交通機関の利用者数の変移を見ると、メトロが整備されなければ、さらに悪化していただろう。

　ちなみに、メトロの車両の一部には、電力回生ブレーキが採用されている。ブレーキ作動時に列車の運動エネルギーを電力に変換して架線に戻し、他の電車の動力源に転用できるというシステムだ。このブレーキシステムにより、従前の1/3程度の電力節約が可能といわれている。電力回生

ブレーキが搭載された車両は2007年に「クリーン開発メカニズム事業」として登録され、2008年より本格的にモニタリングされている。こうした追加施策によって、今後も二酸化炭素（CO_2）排出量の削減に努めていくべきだろう。

ピーク時の一般道路の渋滞の様子　　　　　　　　　　　　写真提供：(株)エムアンドワイコンサルタント

最後に、本書の発刊にあたりJICAインド事務所長の坂本威午氏からいただいたコメントを紹介し、本書の締めくくりとする。

自律的かつ持続的に運営・改革されていくことが
支援の究極的な目的・効果となる

社会の変革——大仰に聞こえるかもしれないが、JICAが支援し、マダム・アベが活躍しているインドのメトロ案件ではさまざまな思想変容、行動変革が実現している。

詳細は本書に記載のとおりであるが、工事段階での工期遵守や安全

確保といった日本では至極当然の考え方が皆無に等しかったインドにおいて、徐々に定着しつつあることは特筆に値する。マダム・アベをはじめ、メトロ案件に携わるコンサルタントやゼネコン、メーカーなど、日本の方々の並々ならぬ苦労と努力の賜物といえるだろう。

　また、メトロの運行開始後に目にするようになった影響にも目を見張るものがある。例えば、インド人の行動様式だ。インドの列車といえば、ドアが無く、はなはだしきは屋根の上まで乗客が鈴なりの状態を想像する方も多いだろう。次の電車・バスがいつ来るのか分からないような状態で、利用者に弱者配慮を求めるのは夢物語だ。我先にと他人を押しのけて車両に飛び乗ることが最優先されてしまうのは、仕方ないことだろう。しかし、マダム・アベたちがつくりあげてきたメトロは違う。数分間隔で安定的に運行されているし、駅の電光掲示板では次の電車到着までの所要時間を確認できる。「次を待てば良い」という心のゆとりや節度が誘引され、日本のような整列乗車の光景を、インドでも徐々に目にするようになってきているのだ。私が勤務するデリーのオフィスビルでも、エレベーターホールで列を作って待つ光景を目にするようになってきたが、これもメトロによる好影響の一つと捉えている。

　メトロプロジェクトはさまざまな面で大きな成果をもたらしていて、間接的な部分も含めれば、インドにおけるインパクトは計り知れない。特にデリーメトロは日本の協力の輝かしい成功例として各方面から高く評価されており、インドにおいても日本・JICAの印象・プレゼンスの向上に大きく寄与している。すべては、マダム・アベをはじめとする日本のさまざまな関係者の試行錯誤と、課題解決に向けた情熱や努力なしでは成し得なかったといっても過言ではないだろう。

　本書で繰り返されているとおり、国際協力事業は単にインフラ整備等目の前の事業が完遂されることのみが目的ではない。各事業が物理的に完成した後も、インド社会において自律的かつ持続的に運営・改革されてい

き、いずれは他国からの支援が不要になることが、究極的な目的・効果である。そのためには、事業の計画・実施などのプロセスにおける支援者側とインドの方々との人と人とのつながり、信頼関係の醸成といったものが重要となる。

　本書ではその点、マダム・アベの苦労と魅力が、女性の建設コンサルタントとしての苦労やインドでのユーモラスな経験も交えつつ、たっぷりと紹介されている。彼女の理念・行動はJICAのそれとも多く軌を一にする。すばらしい成果を産みつつあることに敬意を表するのみである。あわせて、本書を通じて、日本・JICAの協力の実情・意義が正しく理解されるとともに、「社会の変革」を志す若者が増え、デリーメトロのような輝かしい成功例が日本国内外で今後も数多く生まれていくことを期待したい。

あとがき

　実をいうと、本書執筆のオファーを受けた当初、私は引き受けることを躊躇した。インドにおける一連のメトロ事業を書籍にまとめるという話なら、私より適した人がいくらでもいるはずだと思ったからだ。また、「インド初のメトロ工事を手がけた」など、誰から見ても偉業と思えるようなミッションに従事したならいざしらず、私が関わった取り組み程度では、書籍にするのは大げさ過ぎるとも感じたのだ。

　こうした正直な気持ちを伝えると、出版プロジェクトの担当者は、次のように言ってくださった。「本書は、プロジェクトの軌跡を追うだけでなく、"人"に焦点をあてた内容にしたいと考えています。インドに限らず、日本でもさまざまな人と接点をもちながら道を切り拓いてきた阿部さんだからこそ、お願いしたいのです」——そういうことなら私でも何かの役に立てるかもしれないと考え直し、執筆を決意した次第だ。

　このため、本書はかなり私的な内容のウエイトが高い仕上がりになっている。シリーズを連読なさっている方のなかには違和感を抱かれた方もいらっしゃるかもしれないが、どうかご容赦いただきたい。

　なお、執筆にあたっては、特に「その場その場で自身が感じた思いを伝えること」を意識した。本文中でも触れたが、土木は世界最古の職業といわれている。そして、現役従事者の役割は、先達の知恵や経験、技術をきちんと継承したうえで、一つでも多くのプラスアルファを付加して後進に伝えていくこととともいわれている。そこで、本書自体を、私なりのプラスアルファにできればと思ったのだ。また、今後も一つでも多くプラスの要素を生み出して伝えていけるような人間になるべく、努力を重ねていく所存だ。

本書の執筆を通じて、さまざまな人に支えられてきた自分、そして、多くの方々と共にメトロをつくり上げていくというやりがいに満ちた職務に就けている自分が、いかに恵まれているのかを改めて実感させていただけた。最後になってしまったが、さまざまな壁にぶち当たっている私を見守ってくれていた両親や友人、かつて勤務していた鴻池組および現在勤務しているオリエンタルコンサルタンツグローバルの職員の方々、山口大学、神戸大学、ノルウェー工科大学で知り合い、今もなお支えてくれつづけてくれている先生方、同級生や先輩・後輩、インドという地で共に苦労し支えあっている同僚、誰が欠けても今の私はいなかったのだと思う。この場を借りて御礼を申し上げます。特にお忙しいなか取材に協力していただいた鴻池会長、櫻井先生、芥川先生、進士先生、芳川さん、高橋さん、楠井さんには厚く御礼を申し上げます。

　現在も継続してインドでメトロ事業を実施するにあたり、全面的なバックアップをしていただいているJICAの方々や在インド日本大使館の方々にも御礼を申し上げます。

　そしてなによりも、インド・メトロ建設現場で働いてくださっているインド人のワーカーの方々やエンジニアの方々、メトロ公社やコンサルタントグループの方々、そしてメトロ事業にかかわっているすべての方々に感謝いたします。

　「Madam, This is our METRO」

　思いがけない場面でインド人から言われたこの一言を支えに、私自身は常に全力投球で職務にまい進していこうと決意を新たにしている。

　私は、2018年3月でアーメダバードメトロを離れ、インドの新幹線プロジェ

クトに参画することになっている。本書内で触れたとおり、私は台湾の新幹線に関わったが、これは日本が初めて新幹線技術を輸出したメモリアルなプロジェクトだった。そして、これから関わるプロジェクトはインド初の新幹線で、やはり歴史的な事業といえる。このような大きな節目に幾度も立ち会えるのは、本当に幸運なことだと思う。いつの日か、インドの方に「マダム、これが俺たちの新幹線だ」と言われる日が来ることを祈って…。

2018年3月
阿部玲子

Short Story

Short Story ① No Problem is Big Problem

　インド人は、ことあるごとに「No Problem（問題ない）」を連発する。インドに着任して以来、本来の意味を取り違えているのではないかと疑うくらい、このフレーズを無数に浴びせられてきたが、とうとう爆発したのが、ある休日のことだ。インド人エンジニアが自宅に電話をかけてきて、「事故が起きたので現場に来てほしい」という。慌てて急行した私の目に飛び込んできたのが、下の写真のような衝撃の光景だ。あまりのことに絶句していると、電話をかけてきた現場責任者が私に近寄ってきて言った。「Madam, No Problem」。クレーン車がひっくり返るような事態のどこがNo Problemなんだと私が激怒したのはいうまでもない。

　またある時は、地下の掘削作業中に地中の配水管を破ってしまうという事故が発生。勢いよく噴き出した水によって道路に大きな穴が開いてしまった。この時受けた電話連絡は「Madam, There is no road, No Problem.（マダム、道路がない。問題ない）」。道路がないのに問題ないという状況はいかなるものかと言葉を失ったのはいうまでもない。こんな経験をいくつか重ねた私は、「No Problem is Big Problem！（これを問題ないと思うこと自体が大問題！）」が口癖になった。本文中で、「建設コンサルタントはもういらない」と言われて初めてミッションを完遂したことになると言ったが、その日はまだまだ遠そうだ。

ひっくり返ったクレーン車

Short Story ② トイレトレーニング

インドでは"壁がトイレ"と言われているほど、あたりはばからず小用をたす男性が多い。街なかですらそんな状態なので、もちろん工事現場内も例外ではない。デリーメトロのフェーズ1では安全確保に関する課題が優先されたため、衛生問題は手つかずだったのだ。フェーズ2から着任した私は、この宿題をこなそうと、啓蒙用のパネルをつくって設置し、部下のエンジニアたちには、管理下のワーカーたちに仮設トイレの使用を徹底するように命じた。その後、エンジニアに案内してもらいながら現場を視察していると、1人のワーカーが、こちらに背を向けて用をたしている場面に遭遇してしまった。エンジニアは私に怒られると思ったのだろう。ワーカーに向かって「Stop！」を連発している。始めてしまったもんは止められないでしょうと苦笑していたら、ワーカーは顔だけこちらに向け、気まずそうに現地語で何やら言っている。エンジニアは腹立たし気に私に通訳した。「マダム、彼は"今はストップできない"と言っている」。そりゃそうでしょうよ。っていうか、よそ見しているせいで靴にかかっちゃってるぞ！

トイレについての啓蒙用のパネル

Short Story ③　書類監査①

　「No Problem」と同じくらいよく使われていて、同じくらい注意を要するフレーズとして「○ minutes」が挙げられる。「Two minutes（2分待って）」と言われた場合、実際には10分から15分は待つ覚悟が必要だ。そして「Five minutes（5分待って）」と言われた場合は、待つだけムダなケースが大半。つまりは、言葉を額面どおりに受け止めるとロクなことにならないわけだが、それを学んだのが、ある現場で書類監査に臨んだときのことだ。工事の進捗度合いや品質を管理するうえでは、設計図や施工管理書類、施工途中の写真を掲載した証拠書類などをチェックすることがある。ただし、急に書類を見せろといってもすぐには用立てられないため、現場事務所には、事前に実施日を予告しておくのが普通だ。この時の私は1週間前に監査に行く旨を伝えておいたのだが、現場事務所に到着すると、書類はまったく用意されていなかった。怒った私は「監査は中止！」と言い捨てて立ち去ろうとしたのだが、現場責任者は「Madam, 30minutes（30分待って）」という。反省して、大急ぎで必要書類を用立てるつもりなのだろうと少し見直した私は、彼の懇願を受け入れた。そして、待たされること1時間——責任者が満面の笑みで私に差し出したのは、バケツのような大きな容器に入ったアイスクリームだった。「You like it（これ好きでしょ）」。これで私の怒りが収まると思う向こうが悪いのか、以前アイスクリームを喜んで食べて見せた私が悪いのか……。

Short Story ④　書類監査②

　先ほど紹介したのとは別の現場に、書類監査で訪れたときのこと。1週間前に予告したのはいうまでもないが、それでも不十分なのだと学んだ私は、15分前に「もうすぐ着くからよろしくね」と念押しの電話連絡を入れた。やけに慌てている様子が伝わってきたので嫌な予感を抱きながら現場事務所に入ったのだが、やはり机の上には何も置かれていない。代わりに、その現場の責任者は私にサモサとドーサを差し出した。インド版の餃子やブリトーといった感じのファストフードだ。電話を受け、15分で用立てられる食べ物を探したということなのだろう。あきれ果てた私は「I don't need the foods now！I need the documents‼（今は食べ物なんて要らない！私が必要なのは書類よ‼）」と怒鳴って帰ろうとしたのだが、相手は例によって「Two minutes（2分待って）」と言って必死に食い下がる。待たされること10数分。差し出されたのは、持ち帰り用のケースに収まったサモサとドーサだった。確かに「今は要らない」と言ったが、これを「後で食べる」と捉えるとは……。ちなみに補足だが、「Tomorrow（明日）」と言われたら、待つ意味は皆無だ。インドにおいては「Tomorrow will never come（明日は来ない）」と思った方が良い。

Short Story ⑤ 書類監査③

　監査したくてもできなかった話を披露したが、実施できても困ることがある。書類監査では大量の書類に目を通す必要があるため、午前中から始めても終わるのは夕方になるケースが大半だ。昼食は監査を受ける現場事務所の方で用意してくれるわけだが、出てくるのはカレーばかり。インドでは、具によってスパイスの調合を変えるため、彼らにとっては日替わりメニューなのだ。そして、一度の食事でルーの種類が多く用意されているほど、バリエーション豊かでゴージャスということになる。ある時、昼食として5種類のカレーを出された。現場事務所のスタッフが大サービスしてくれたわけだが、私としては帰宅してもメイドさんがカレーを用意しているのだと思うと、どうも手をつける気になれない。「今日は遠慮しておくわ」と丁重に断ったのだが、1カ月後に再び監査で訪れると、今度は10種類のカレーが出てきた。彼らにしてみれば「マダムは5種類程度では不満らしい。増やさなければ！」ということだったのだろう。ここで断ると、次は20種類になりかねないと思った私は、観念してありがたく頂戴することにした。相手に落ち度がない限り、好意を受け入れて見せるのも大切な仕事なのだ。一連の経験で気づいたのだが、インド人は、問題が起きると食べ物で機嫌をとろうとする傾向にある。その前提で周囲を見渡してみると、えらい剣幕で口論した者同士が、直後にニコニコ笑いながら一緒に食事している場面も珍しくない。インドにおいて"食"は、非常に有効な問題解決手段なのだろう。

数種類のカレー（左）とお店の前におかれた多くのスパイス（右）

Short Story ⑥ 重機

　メトロ工事では、ミキサー車やクレーン車などの重機を多用する。ただし、工事現場の敷地には余裕がないため、停車時間を指定するのだが、いかんせん時間にはルーズなお国柄だ。結局、周辺の道路に待機させることになってしまう。ただでさえ渋滞が問題になっているなか、巨大な重機を道路で待機させれば、事態はより悪化する。これを問題視した警察から工事停止命令が出てしまったこともあるので、私は、ドライバーやガードマンに、くれぐれも重機を道路に停めないよう、強く言い渡していた。そんなある日、ガードマンから報告があった。「マダム、ゲートの前にHeavy Vehicleが止まって移動してくれない」と言うのだ。あれだけ注意したのに言うことを聞かないなんて、絶対にとっちめてやる！と勇んでゲートに行ってみると、のんびりとゾウがたたずんでいるではないか。写真のように、インドでは人や荷物の運搬に、ゾウが活躍している。大きさや機能を考えれば、確かにHeavy Vehicleなのだ。数々のインド人エンジニアやワーカーを震え上がらせてきた私も、ゾウの前では無力なのだと思い知らされた。

道路を闊歩するHeavy Vehicle（ゾウ）

Short Story ⑦ 渋滞

そもそも、メトロ整備が決まった要因の一つでもあるので、駐在中はしょっちゅう交通渋滞の洗礼を受ける。事故や工事による規制など、理由は日本とそう変わらないが、一つだけ大きな違いがある。動物だ。インドの公道では、驚くほど多種多様な動物が自動車にまぎれて移動している。先に話題にしたゾウをはじめ、ウシ、ヤギ、ラクダ、ロバ、ニワトリなど、実にバリエーションに富んでいる。なかでも多いのがウシだ。写真のように、ヤケに視線を感じると思って振り返ってみたら、ウシが車内をのぞき込んでいたなんていうこともある。ちなみに、私への陣中見舞いと観光をかねて母が友だちと連れ立ってインドにやってきたことがあるのだが、感想を聞いて噴き出したことがある。「動物園にも行ってみたけど、道路のほうがいろんな動物を見られるわね」

道路を歩ているウシの群れ

クルマの窓のすぐ外にいるウシ

Short Story ⑧　カレーは百薬の長!?

日本における味噌汁以上に、インドではカレーが定番だが、どうやら万能薬でもあるらしい。ある時、インド人エンジニアの手の平がまっ黄色で驚いたことがある。内臓疾患の表れではないかと心配し、具合が悪いのかと尋ねると「そうなんだマダム」という返答。じゃあ病院に行きなさいと言うと、笑ってとり合おうとしない。「体調が悪かったから、ターメリックを体に塗り込んだのさ。だからもう大丈夫！」。そう、ターメリックとは、日本ではウコンの名で知られるスパイスの一種。二日酔いに効くのは知っていたが、塗り込んでも効用があるとは‼ ただし、服につけてしまうとなかなか色が落ちないので、私は真似する気になれない。

Short Story ⑨　名前①

当然といえば当然だが、インド人は、日本人の名前に関する知識はないに等しい。だからといって……という目に遭ったので、紹介しよう。デリーメトロにトンネルエンジニアとして従事することになった私の肩書は「NATM Tunnel Expert」だった。NATMとは「New Austrian Tunneling Method（新オーストリアトンネル工法）」の略で、山岳部におけるトンネル工法の一つだ。就任初日、意気揚々とあてがわれたオフィスに向かうと、ドアにネームプレートが貼ってある。「準備が行き届いているじゃない」と上機嫌になったが、近づいてみると、どうもおかしい。写真のようになって

いたのだ。これが意味するところは、ファーストネーム（名）が「R」でミドルネームが「ABE」、ラストネーム（姓）が「NATM」。まったく違う！当然、苦情を言ったが、返ってくるのはお決まりの「No Problem」。もちろん、一歩も引くわけにはいかない。履歴書をきちんと見ないで作るのが悪いと断固たる主張を繰り返し、差し替えてもらった。

Short Story ⑩　名前②

　名前の間違いは、ネームプレートだけでは終わらなかった。メールアドレスを変更することになったので名刺をオーダーしたのだが、上がってきたのが下の写真のようなカード。お気づきだろうか。右上にある私の名前のうち、苗字部分に注目していただきたい。「ABE」ではなく「ABC」となっているのだ。当然、業者に文句を言ったのだが、まったく想定外の切り返しに遭った。「Aの次にBがきたら、その次はCと思うのが普通じゃないか！」いやいや、渡した原稿をよく見ないのが悪いんでしょうに。もっと言うなら、そもそもオーダーするきっかけになったメールアドレスのほうは、以前のままで変わっていないのだ。もちろん、頑として譲らず、作りなおしてもらった。インドに限った話ではないが、こういうことが日常的に起きるので、外国では決して料金を前払いしてはならない。

Short Story ⑪ 不便な日本

　インドのバスの乗降口は、停車中・走行中を問わず常に開いている。しかも、車内には乗客がギュウギュウづめになっているので、乗降口付近にいると、いつ振り落とされてしまうかわかったものではない。私が、インドでは決してバスに乗らない理由の一つでもある。オートリキシャ（三輪タクシー）に乗っているとき、バスを見かけたのでドライバーに「日本のバスの乗降口は走行中は必ず閉まっているのよ」と言ってみた。続けて「怖くないの？」「バスに文句言わないの？」と尋ねるつもりで話しかけたのだが、リキシャのドライバーは気の毒そうに返してきた。「乗降口が閉まっていたら、降りたい場所を通りかかったときに降りられないじゃないか。日本ってのはもっと進んでいるのかと思っていたけど、案外不便なんだね」。まさか、同情されるとは……

Short Story ⑫ 同僚の災難①

　日本人の同僚がインドに赴任してきた。同僚は、さっそく借りる住居を選んだのだが、ふと気づくと、バスルームにペーパーホルダーがついていない。インドでは手でお尻を洗うので、トイレットペーパーを使う習慣がないのだ。これでは困ると、同僚は大家さんに設置を依頼した。数日後、帰宅してみると、約束どおりペーパーホルダーが付いていたのだが……。なんと、入浴用のシャワーホルダーと同じ高さ、つまり床上180cmほどの場所に取り付けられていたのだという。ペーパーホルダーの用途が分からないインド人の施工業者は、取り付け場所を勝手に決めてしまったらしい。私は話を聞いて大笑いしたのだが、同僚は、その後、話題に出さない。不思議に思ってこちらから「で、どう解決したの？」と聞いてみると、またも大笑いするはめになった。やり直させるのを面倒に思った同僚は、高い位置にトイレットペーパーをはめ、のれんのように垂らして使っているのだという。いわく「適当な長さで切るのが大変なんだよね」。今後、インドに赴任する方には、ぜひ教訓にしていただきたい。

Short Story ⑬　同僚の災難②

　ある時、同僚のアパートメントにインド人業者がやってきて、「ガスシリンダーの点検です」と言った。ガスシリンダーとは、日本でいうプロパンガスのことで、サイズも形状も似たようなものだ。業者は、あれこれチェックしたうえで「このシリンダーは交換した方がいい」と言ったそうだ。「じゃあ、たのみます」と答えると、そのインド人はいそいそとシリンダーを外し「後で代わりを持ってきます」と言い残して去っていった。もうお察しだと思うが、その業者は二度と現れなかったという。同僚は「バッチリ顔をさらして、あんなに大きくて重いものを担いで逃げるリスクを思ったら、ほかに狙うものがあるだろうに……」と嘆いていたが、日本人の常識の範疇外にいるのがインド人。私に言わせれば、「脇が甘かったあんたの負け！」である。

Short Story ⑭　犯罪の巻き添え

　インドでは、犯罪などに絡む闇資金対策として、2016年11月に高額紙幣である1,000ルピー札と500ルピー札の使用を禁止し、新たな紙幣に切り替えることになった。ところが、新紙幣の発行量が不十分だったため、ATMの引き出し可能額や銀行での両替金額が制限された。おかげで、ATMや銀行窓口には長蛇の列ができて、上限の2,000ルピー（日本円で3,500円）を引き出すのに2時間以上並ぶ羽目になるなど、少なからぬ混乱が発生した。かくいう私も手持ちの現金が枯渇してしまい、小切手を現金化するために銀行で何時間も並んだ。ようやく順番が来たと思ったら、大半をコインで渡された。重いわ不便だわでさんざんである。にっくき犯罪！

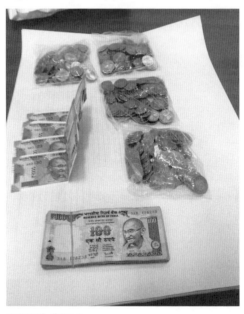

4,000ルピー分のコイン

Short Story ⑮　創意工夫

　インドでは、最近になってオートバイに乗る際のヘルメット着用が義務づけられるようになった。しかし、インドには頭にターバンと呼ばれる布を巻いている人も多い。素人目に見ても、ターバンの上からヘルメットを被るのは無理そうだし、かといってバイクから乗り降りする都度、ターバンとヘルメットを交換するのも大変そうだ。問題をどう解消するのだろうと思っていたら、どうやら、ターバン着用者に限ってはヘルメットの着用義務が免除されるらしい。そんなことを知った後日、自動車で移動している途中で雨が降り出した。ターバンを被ったおじさんがオートバイで真横を並走していたので「こんな時は、ターバンよりヘルメットのほうが便利だよね」と思ったのだが、おじさんのターバンは光沢があって布とは思えない。よく見てみると、ターバンの上からシャワーキャップを被っていたのだ。バイタリティに脱帽である。

ターバンの上からシャワーキャップを被ったおじさん

Short Story ⑯　映画熱

　低コストで楽しめる娯楽が少ないインドでは、映画が大人気である。ユネスコの統計によれば、2015年のインドの映画製作本数は1,907本。これは世界でダントツの1位だ（ちなみに2位はナイジェリアの997本で、791本のアメリカは3位）。制作本数が多い分、宣伝ポスターも街なかのいたるところに張り出されている。メトロ工事現場のフェンスや現場事務所の壁も格好の宣伝スペースにされてしまい、いくらスタッフに剥がしてもらっても、次から次へと新たなポスターがお目見えする。苦々しい思いで見ているのだが、うっかり笑わされてしまう珍ポスターも少なくないのだ。

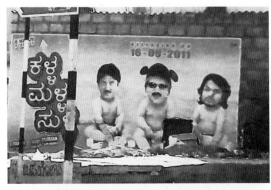

映画宣伝の珍ポスター

Short Story ⑰　誤解を招く表現

　メトロの工事では、柱や壁、高架など、さまざまな部分にコンクリート製の構造物が用いられるが、これらは工場内で型枠と呼ばれるパネルを組み合わせ、そこにコンクリートを流し込むことで成形されている。そして、コンクリートの混ぜ方や流し込み方が雑だと、空気の泡が混ざるため、固まったときに表面に小さな穴が無数に生じてしまう。見た目がハチの巣のようになることから、土木建築業界では、このような粗悪品を英語で「Honey-comb」と呼ぶ。

　ある時、私はインド人の部下から「Honey-combが酷くて困っている」という連絡を受けた。何度も工場に注意しているが、一向に改善されないので一度見に来てほしいという。そして、マダムから見ても酷いと感じるなら、工場に直接ガツンと言ってほしいと泣きつかれたのだ。しかし、この時の私は別件で手一杯で、すぐには動けなかった。数日後に現場に出向いたのだが、部下はさぞかし待ち焦がれていたのだろう。私が到着するなり飛び出してきて、しきりに「Honey, Honey」と連発している。いやいや、いくら気持ちが急いていても「comb」を省略されてはたまったものではない。ご存じのとおり「Honey」は、配偶者や恋人の呼称だ。これでは、あんたに「Honey」呼ばわりされていそいそと付いてまわっているみたいじゃないか。下手したらまわりからは「あの二人、いつの間に（笑）」と思われかねない。部下の懇願に即対応しなかった罰だろうか……。

土木建築業界での粗悪品Honey-comb

Short Story ⑱　大きなお世話

　インドでは、女性の美しさをはかる際、顔立ちやプロポーションと並んで、肌の白さが重視される。結婚の際、新婦は持参金を携えて嫁入りする習慣があるのだが、色白ならこの持参金が免除（？）されることすらあるらしい。そして、日本人である私は、インド人から見るとえらく色白に映る。ある時、オフィスでデスクワークに没頭していてふと顔を上げると、ジッとこちらを見ているインド人スタッフと目が合った。怪訝(けげん)に思って「何？」と聞くと、彼は真顔で言った。

　「マダムはとっても色白なのに、なんで嫁に行けないのだ？」

　……私が独身なのは動かぬ事実だが、なぜ「行けない」と決めつける！

　こんな天然キャラがいる一方で、私を故意にイジる不埒(ふらち)な者もいる。黒髪を長く伸ばして大切に手入れするのはインド人女性のたしなみだが、夫が亡くなった際だけは、バッサリ短く切るのだという。一方、私のヘアスタイルはショートカットが基本だ。ヘルメットをかぶる機会が多いので、髪が長いとなにかと面倒なのだ。そんな私を捕まえて、あるインド人スタッフがニヤニヤしながら言った。

　「マダムの髪はいつも短いけど、一体何人の夫を亡くしたんだい？」

　まったく、どいつもこいつも、である。

Short Story ⑲ マイペーパー、マイネックレス

　インドでは、トイレで用を足した後は「手で水洗い」が基本だ。当然、トイレ内にトイレットペーパーは置かれていない。というか、そもそも置く場所すらない。これは、我が社のオフィスのトイレも例外ではない。

一般的なインドのトイレ

　たった1人の女性外国人である私は、"マイペーパー"を常備し、トイレに行く際は毎度持参するわけだが、問題は用を足す間。トイレットペーパーを手に持ったままというのは、どことなく落ち着かないし、思った以上に不自由さを感じるのだ。かといって床に置くのも不衛生だし……考えに考えた末、あみ出したのがネックレス方式だ。ロールペーパーの芯にひもを通しておき、用を足す際は首からぶら下げるという、我ながら画期的なソリューションだ。インドに行かれるという方にはぜひおすすめしたいが、半面、注意も促しておきたい。ある時、スッキリした気分でオフィスの廊下を闊歩していると、すれ違うスタッフの誰もが不思議そうに私のヘソのあたりをチラ見するのだ。何かと思えば、そこにはトイレットペーパーが！そう。スッキリした後、首から外すのを忘れて出てきてしまったのだ。それにしても、注意してくれればいいのものを……。ジャパニーズトラディッショナルスタイルとでも思ったのだろうか。

Short Story ⑳　私はミスター

　ある新規プロジェクトに臨んだときのこと。相当なカロリーと時間をかけ、ようやく互いに納得のいく契約内容に落とし込んだ私は、心地よい疲労感と満足感を抱きながら調印の場に臨んだ。相手と最終確認を済ませ、さあいよいよ署名だとペンを持ったとたんにフリーズしてしまった。私の署名欄には「**Mr.** REIKO ABE」と印字されていたのだ。腹を立て強い口調で「I'm **Ms.** REIKO ABE！」と言うと、相手は例によって「No Problem Madam」と返してくる。いやいや、大切な契約書に誤植があるのに「No Problem」なわけはないだろう。そもそも、会話のなかでは「Madam」と呼んでいるではないか！これも「契約という重要な場に出てくるのは男性」という先入観のなせる業なのだろう。もちろん、自分の沽券にかけて契約書はつくりなおしてもらったのだが。

Short Story ㉑　レポート＝決意表明!?

　本文中で計測レポートを話題に出したので、レポートネタを。ある時、現場の視察に出向いた私は、遠く離れたところで4～5人のワーカーが体を寄せ合って立っているのに気づいた。サッカーのフリーキックの場面では、守勢側が人の壁をつくるが、まさにあんな感じなのだ。そもそも、誰もが忙しく動きまわっている工事現場で、人が並んで立ったまま微動だにしないというのは異様だ。良からぬ理由があるに違いないと思った私は、彼らに向かって歩き始めた。すると、帯同していたエンジニアが明らかに落ち着きを失い「マダム、あっちの現場を見てほしいのですが？」と別の方向を指さして言う。いよいよ疑念を強めた私は、エンジニアの言葉を無視してワーカーに歩み寄った。「そこからどきなさい」と言っても、ワーカーたちは動こうとせず、当惑顔でエンジニアと私を交互に見やっている。「いいからサッサとどく！」気迫で彼らを動かしてみると、背後にあったコンクリートの壁に、大きな穴が開いていたのだ。どういう理由で穴が開いたのか知らないが、たとえ自分たちの失態によるものでも、自発的に補修し、報告すればすむ話だ。必要な対策を施さず、隠してしのごうという性根に腹を立てた私は、エンジニアを叱り飛ばし、是正処置と予防措置のレポート提出を命じた。後日、提出されたレポートは次のとおり。

　是正処置：I will do it.（私は必ずや直します）

　予防措置：Believe me.（私を信じて）

　断っておくと、本人はいたって真面目に考えているのであって、決してふざけているわけでも私を馬鹿にしているわけでもない。レポートなどというものを書いたことがなく、何のために作成するのかも分かっていないのだ。計測レポートがいい加減だった理由と相通ずるものがある。まさに文字どおり「一事が万事」なのだ。

Short Story ㉒　壁は生き物

　OSV設置のきっかけについて触れた部分では、読者のみなさんに伝えたい深刻さが損なわれてしまうと思って割愛したが、目の前で構造物の変位を計測させたらマイナス32mmだったという話には、続きがある。私が激怒すると、エンジニアは慌てて言ったのだ。「違うんだマダム。今朝、計ったときには確かにマイナス1mmだった。朝から今までの間に動いたんだ！」……奇知に富んだ言い訳の数々に接してきた私も、これにはさすがに脱力した。即座に「この壁は生き物だっていうのか！」という突っ込みフレーズが心に浮かび、自分で吹き出しかけてしまったのだが、断じてここで緩んで見せるわけにはいかない。「こう言えば追及から逃げ切れるんだ」という、的外れな考え方をうえつけかねないからだ。一度怒ったからには、中途半端なところで態度を軟化させず、徹底して怒り続ける。これも、インドでコンサルタントとしての使命をまっとうするために欠かせない極意なのだ。

Short Story ㉓　不吉なビジュアルは世界共通

　OSVや粉塵計測の導入を通じ、道路信号に準じた色づかいが、いかに有効かを実感できた。理解を促したいとき、相手の視覚や直感に訴えるのは王道ともいえる手段なのだ。私は、このことをバンガロールのオフィスでも経験した。

　ローカルスタッフに囲まれ、外国人は私1人という状態のなかで勤務していると、情報を共有してもらえず、蚊帳(かや)の外に置かれてしまうことがある。私は、お菓子を入れたカンをデスクに置き、コミュニケーションツールにしていた。お菓子を常備しているだけで、それを目当てにやってきて、とりとめのない話をしていくエンジニアが多いのだ。ある時、ふと、お菓子の減り方が早いことに気づいた。数日間、注意して見るようになったのだが、どうやらオフィスの清掃を任せていたボーイが犯人らしいと目星がついた。そこで私は、厚紙にドクロマークを描いて、落としぶたとしてカンの中に収めた。「あんたの悪事はお見通しだぞ」という警告や牽制になるだろうと思ってのことだ。

　すると、面白いことが起きた。確かにドクロマークが上を向くように置いたはずなのに、裏返したうえでお菓子が減っているのだ。後ろめたいことをするときに、ドクロににらまれていては気分が落ち着かないのだろう。ただし、お菓子をくすねるという行為自体は止まらなかった。黙認しているとエスカレートする危険があるため、結局はカギを付けたが、視覚に訴える手段はやはり有効なのだと確信できた珍体験だった。

Short Story ㉔　定員オーバー？

　バンガロールに赴任したときのこと。地上から15mほどの縦穴を掘り、そこから横に穴を掘り進めるという段取りで進めた現場がある。ワーカーやエンジニアは作業場まで階段で上り下りし、建設資材はバケットと呼ばれるカゴに入れてクレーンで上げ下げしていた。ところがある日、現場に行ってみると、写真のような場面に遭遇した。こともあろうに、バケットに建設資材ではなくワーカーを満載し、即席のエレベーターにしていたのだ。階段を幾度となく上り下りする毎日にウンザリする気持ちは分からないでもないが、もちろん安全管理上あるまじき行為。私はそばにいた安全担当を呼び寄せ、
「あんたがいながら、なぜあんなことになっているの!?」と怒鳴りつけた。ところが、安全担当は私が何に怒っているのかピンときていない様子で「あれのこと？」「それともこれのこと？」とあちこち指をさしては首をかしげて見せるのだ（写真左下にその手が……）。バケットを指して「あれに決まってるでしょ！バランス崩して人が落ちたらどうするの‼」と言うと、彼はようや

バケットに乗ったワーカーたち

く合点がいったという顔で続けた。「OKマダム。次回からは人数を減らすので安心してください」……絶句である。

　ちなみに、このエピソードには後日談がある。インドではクリケットという球技が大人気だが、とあるオフの日に自宅でテレビをつけると、クリケットの試合が中継されていた。なんとはなしに見ていたのだが、攻守交替のタイミングでスタジアム周辺の様子が映し出された時、私は凍りついた。クレーン車に吊り下げられたバケットに10人ほどのワーカーが乗り込み、スタジアムに向かって歓声を送っているのだ。しかも、バケットの側面には「Bangalore Metro」のロゴが……。即座に現場事務所に電話を入れた私が、どれだけ怒声をあげたかは想像にお任せする。

Short Story ㉕ 救急車出動！

　ある日、工事現場に出向くと、敷地内に救急車が停まっていた。救急車を呼ぶような事故が起きてしまったのかと慌てて駆け寄ったが、寝台の脇に立っているエンジニアからは悲壮感も緊張感も伝わってこない。怪訝に思って目を凝らすと、寝台に横たえられているのは人間ではなく、トンネルボーリングマシンという掘削機械の模型だった。呆気に取られていると、エンジニアがこともなげに言った。「この模型、長さが1.8mもあるから普通のクルマには積めないんですよ。それで救急車を借りてきたという次第で」。この時に知ったのだが、日本と違い、インドの救急車の大半は、民間事業者が運行している。ビジネスになっているので、万一の場合に備えて救急車をリザーブし、待機させておく顧客もいるらしいのだ。ちょっとしたつてがあれば、待機中の救急車を借り出せるというわけだ。「使えるものは何でも使う」というインド人のたくましさを見た思いだった。

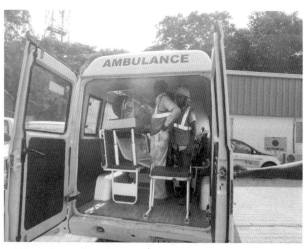

救急車に乗った掘削機械の模型

Short Story ㉖ 女性ならではの安全確保

　インドでは、建設工事現場で働く女性は少数派だ。このため、現場には男性用トイレしか設置されていない。インドに来て早々にこのことに気づいた私は、現場周辺のコーヒーショップやレストランに目星をつけ、場所や店名を記憶しておくようになった。もよおした際には、こうした飲食店に向かうわけだ。女性でインドに赴任しようという方には、ぜひ実践していただきたい。

　また、これは性別を問わない話だが、特にインドで生活しはじめた最初のころは、おなかを壊す人が圧倒的に多い。このため、即効性のある下痢止めは必携品だ。幸いなことに、両親から丈夫な胃腸を授けられた私はこの手のピンチに陥ったことがないのだが、それでもヘルメットの内側、スマートフォンケース、財布の3カ所に、必ず薬を忍ばせるようにしている。「備えがある」と思えるだけで、安心度が違うのだ。さらに言えば、この備えが思いのほか人助けに役立っている。頭が上がらないほどお世話になった人や、多大な迷惑をかけた人でも、下痢で困っているときに薬を差し出せば、それはそれは深く感謝してもらえるのだ。先に紹介したお菓子ではないが、インドでは下痢止めも立派なコミュニケーションツールになるのだと覚えておいていただきたい。なお、いうまでもないが、日本に一時帰国した際には、薬の調達・補給を忘れずに！

Short Story ㉗　手厚い厄除け

　インドではとても儀式を大事にする。工事現場も例外ではなく、節目節目で祈祷師さんを呼んで「プージャ」と呼ばれる儀式が厳かに行われる。インド人は基本的におしゃべり好きだが、プージャのときだけは誰もが静かにしている。それだけ神聖な場なのだ。

　話は変わるが、メトロの工事現場では木材も多く扱う。木材には蛇が紛れ込んでいることが少なくないのだが、インドにおいて蛇は神様の化身。たとえ猛毒種でも、生きたまま捕獲して遠くの森に放すのが通常の対処法だ。しかし、なかには捕獲に失敗して死なせてしまうことがある。こんなときの現場では、やはりプージャが執り行われる。その場で薪を組んで火を焚き、工事関係者が祈りをささげながら火のまわりを3周半まわるのだが、このプージャに私も参加した時のこと。祈祷師さんから「女性はたたられやすいので、7周まわるように」と言われてしまった。みんながまわり終えても、私は一人、居残り状態で火の周囲をまわり続けたのだ。いまだに祟りに見舞われていないことを思えば、祈祷師さんのアドバイスに感謝するべきなのだろうが……

現場事務所にて祈祷師さんを呼んでプージャを実施

Short Story ㉘ 笛が鳴る

　デリーメトロプロジェクトのフェーズ1では、ヘルメット・安全ベスト・安全靴の3点セットを着用していない作業員は、現場に立ち入らせないという強硬策をとったと紹介した。フェーズ2から現場に入った私もこのルールを継続し、3点セットを着用していない者は容赦なく現場から退去させていた。少しでも目こぼしすれば、すぐになぁなぁ状態になってしまい、先達の努力が水泡に帰してしまうからだ。厳しい姿勢を貫いているうちに、面白い現象が起こりはじめた。私が現場に入ると、ワーカーたちが3点セットを身に着けて、私の前に立つようになったのだ。稼ぎがかかっているので「ルールを守っているのだから、くれぐれも私を退去させないでくださいね」という念押しなのだろう。しばらくすると、この状況はさらなる進展（？）を見せる。私が現場に到着したとたん、入口にいるガードマンが笛を吹くようになったのだ。ワーカーたちに「要注意人物がきたぞ！」と知らせているわけだ。あんたたちの安全を思ってのことなのに、失礼な！

Short Story ㉙ 素敵な脱出劇

ある報道番組で、目の前で事後が起きても見ぬふりをして通り過ぎるのが普通という国があると知った。しかし、我がインドはこの正反対。交通事故などがあると、文字通り誰もかれもが駆け寄ってくる。そして、後続車はおろか反対車線を通っている車まで次々と停車させ、我先にと対応に当たるのだ。「人を助けなければ」という気持ちをそのまま行動に移せる純粋さには感心させられる。

それを心から実感したのが、自分が乗っている車が交差点のど真ん中で立ち往生したときのこと。運転手さんは、即座に隣の車に「車を端に寄せるのを手伝ってほしい」と声をかけた。しかも「俺の車には日本人のマダムが乗っているので、ここで怖がらせたくない」と続けている。私は唖然としたが、声をかけられたドライバーは、こともなげにその場で車を停めて出てくる。そして、ごく自然に私が乗っている車を押し始めたのだ！せめて軽くしなければと車から降りようとすると、「危ないから中にいろ」と注意される始末。いつもの工事現場とは真逆である。そうこうしているうちに、次から次へと周囲の車からドライバーが降りてきて、私を乗せたままの車を押してくれたのだ。おかげで、私が乗る車は、無事に交差点から脱出できた。インド人にはこんな素敵な一面があるから「No Problem」や「○ minutes」でカッとさせられることがあっても、決して憎めないのだ。

オートリキシャがコロリ

Short Story ㉚ インドの道路事情

　日本人から見ると、インドの交通マナーはあってないようなものだ。強引な追い越しや割り込み、信号無視などは日常茶飯事。歩行者や自転車に乗る人がいても、「こちらが優先」といわんばかりにスレスレを走る。おかげで私は、後部座席でいつもヒヤヒヤさせられている。そんなドライバーたちも、牛が道路を通っているときだけは態度が変わる。ご存じのとおり、ヒンドゥー教における牛は神聖な生き物。どんなに動きが遅くても、全員が通り過ぎるまでおとなしく待っているのだ。インドの道路では、牛＞車＞人間なのだ。

　また、インドでは、どのドライバーもクラクションを鳴らしっぱなしで車を走らせる。インドに来て間もないころは、音量の凄さにイライラを募らせたものだ。そんな私に、ベテラン駐在員がアドバイスをしてくださった。「警笛ではなくインディアンミュージックだと思いなさい」——なるほど！おかげですっかり慣れっこになってしまったが、日本に帰国した際などは、別の弊害に見舞われた。日本の道路では、クラクションの音は滅多に聞こえてこない。こちらとしては、あまりに静かでむしろ不安になってしまうのだ。さらには、日本でタクシーに乗った際などは、黄色信号で停止すると「行けるのに……」ともどかしく思ったりもする。いけないいけない。セーフティファーストを忘れている自分に苦笑いだ。

牛さまが通る

Short Story ㉛ レバーは食べるもの

　私は基本的に体が丈夫だが、それでも10年にわたるインド駐在の中では、病院にかつぎこまれたこともある。風邪をこじらせて脱水症状に陥ったときのことだ。会社を休んで宿舎で寝込んでいたのだが、頭が朦朧として起き上がることすらできなくなってしまった。同僚の奥さんが様子を見に来てくださったおかげで深刻さが発覚し、すぐに病院に運んでいただけたのだ。私は病院の救急治療室（ER）で、既往症やアレルギーの有無など、ドクターからさまざまな質問を受けた。ドクターは続けて「How about liver？（肝臓に問題はないですか？）」と聞いてきたのだが、こちらは意識が朦朧としている状態。かろうじて聞き取れたのは「liver」という単語だけだった。レバー？レバーといえば、やっぱりニラレバ炒めかレバ刺しね……。反射的にこう思った私は「I like（好きです）」と答えてしまった。これには、ドクターもナースも大爆笑。慌てて職場から駆けつけてくれた同僚も脱力したようだ。「アベ、ERで笑いを取ってどうする！」。そんなつもりはなかったのだが……。

Short Story ㉜ 昼食はコンチネンタル様式で

　これも、数少ないインドでの入院時の話だ。インドでは、どんなときもカレーが食べられている。しかるに、病院食もすべてカレーだ。吐き気があっても熱があってもとにかくカレー。しかし、私たち日本人にとって、体力や食欲がないときのカレーは拷問に近い。どうしても手を付ける気になれなかった私は、食事に添えられているヨーグルトとバナナだけを食べていた。毎回、まるまるカレーが残っているのを見て心配を募らせたのだろう。あるとき、看護師さんが「どうして食べないの？」と聞いてきた。私は「今はインド料理を食べる気になれない」と正直に答えたのだが、意外なことに「だったらコンチネンタル様式も用意できるわよ」と言ってもらえたのだ。私は、即座にお願いした。ワクワクしながら翌日を待ち、いよいよ昼食の時間に……ところが、出てきたのはやはりカレーだったのだ！変わったのはカレーを付けるパンのほうで、今まではインド式のパンであるナンかチャパティだったが、これらに替わって食パンがトレーに載っていたのだ。この病院における「コンチネンタル様式」とは、食パンのことを差すらしい。このときの私の絶望を察していただきたい。

インドのパン（チャパティとプーリー）

Short Story ㉝　何でも食べる日本人

　ノルウェー留学中のエピソードもご紹介しよう。ヨーロッパ大陸最北端の地・ノースケープで、大陸と離島を結ぶ海底トンネルの構築プロジェクトに従事していたころのこと。現場周辺は荒涼としたツンドラ地帯がひたすら広がっているだけで、他に何もない。休日などの娯楽は極端に限られる状態だった。

　あるとき、同僚のノルウェー人から「この辺にはブルーベリーが自生しているんだ。一緒に摘みに行ってみないか？」と誘われた。当日は、普段は現場で調理を担当しているコック長が案内してくれた。一帯のブルーベリーは特に大きくて甘いことで有名なのだそうで、コック長は「ブルーベリーを見つけたら、まずは生のまま食べてみるといい」と教えてくれた。穴場だという自生地に到着し、あたりを見回した私は、さっそく苔の上に落ちている特大のブルーベリーを発見！幸先がいいなと鼻歌交じりにつまみ上げ、まずは生で食べるのよねと口に放り込もうとしたところ、同僚が「ナーーーイ‼」と悲鳴を上げている。「ナイ（あるいはネイ）」とはノルウェー語で、NoやNGを意味する。なにごとかと手を止めた私は、続く言葉にショックを受けた。「それはブルーベリーじゃなくてトナカイの糞だ！」

　この一件以来、私はコック長からからかわれ続けることになった。「日本人はなんでも食べるって聞いていたけど、本当なんだな（笑）」……同邦の皆さんの面汚しになってしまい、誠に申し訳ない限りである。

Short Story ㉞　華厳の滝

　もうひとつ、ノルウェーのネタを。私の留学中、両親が遊びにきたことがある。まずはレストランに案内してランチを一緒したのだが、店を出ると、父がトイレに行きたいという。ショッピングモール内のトイレに連れて行き、出入口の近くで待っていると、ほどなくして父が困った顔で戻ってきた。「便器に届かないんだけど……」。ノルウェー人の平均身長は高く、男性ともなると180cm以上の人がたくさんいる。女性の私は知らなかったが、ノルウェーの男性トイレには、小用便器がずいぶん高い位置に設置されているらしいのだ。ちなみに、父の身長は160cm足らず。あきらめた父は個室に入ろうとしたらしいが、あいにく全室使用中だったという。「レイコ、個室の人に代わってくれるように言ってくれないか？」。いやいや、いくらお父様の頼みでもそれはできませんよと丁重に（？）断ると、父は悲壮感を浮かべながら「頑張ってみる」と言い残し、トイレに戻っていった。心配しながら待っていると、今度は満足そうな顔で戻ってきた。「背伸びしてなんとかしのいだよ。足がつりそうだったけど」と笑っている。そして、続けて言ったのだ。「見るとはなしに隣の様子を見ちゃったんだけど、華厳の滝みたいだったよ。ノルウェー人ってすごいな」――一体、何に感心しているんだ！

Short Story ㉟　いつの間に

　台湾で、新幹線のプロジェクトに従事していたころ、食べ物にあたったらしく全身にジンマシンがでてしまったことがある。顔も例外ではなく、まぶたが膨れ上がったために、ロクに目も開けないような状態になってしまった。台湾人の友人がすぐに病院に連れて行ってくれた。英語が通じないので、受付でのやりとりや、問診票への記入も友人が代行してくれた。「持つべきは友」としみじみ思いながら連れ立って診察室に入ったのだが、ドクターは、手渡された問診票を見て怪訝な顔をしている。問診票の性別欄、男性のチェックボックスに「レ」印が入っていたからだ。そう。台湾人の友人は男性だったのだ。代行していることをうっかり失念したのだろう。ドクターは、友人に向かって「彼女は性転換したということか？」と聞いた。友人は飄々と「俺が彼女と知り合ったのは2年前だ。会った時点では女性だったが、それ以前は知らない」と言ってのけた。ユーモアあふれる返答に、診察室は大爆笑に包まれた。いやいや、和やかになるのはいいんですけどね、全身がはれ上がって大変なんだから、患者を優先しなさいよ！

Short Story ㊱ インドのお土産

　インドは国土が広いだけに、名産品も多彩だ。ここでは、特に定番といわれるインド土産を紹介したい。まず、定番中の定番といえば紅茶。「ダージリン」「アッサム」「ニルギリ」など、産地がそのまま紅茶の種別を表すケースも多い。インド国内では、産地だけでなく、季節によっても「First Fresh」「Second Fresh」などと呼び名が変わる。二番目は、ローズから抽出したオイルを使った土産。南インドにはローズの産地がいくつもあり、ローズオイルを使ったソープやアロマオイル、ローションなど、品目が多彩でどれも安価だ。買って帰ると女性から喜ばれるので、特に男性諸氏は覚えておくといいだろう。そして三番目がスパイスだ。マーケットでは、さまざまなスパイスが驚くほど安く売られているのだ。ただし、1点注意がある。料理好きの妻がいるという同僚に勧めたところ、後から、暗い顔で「ものすごく怒られた」と報告された。聞けば、彼は市場で買ったスパイスをそのままスーツケースに入れて帰国したが、家に着いて開けると、中が真っ黄色になっていたそうだ。ターメリック（ウコン）が散乱してしまったのだ。インドのスパイスの包装は貧弱で、ちょっとした衝撃で破れてしまうと覚えておいていただきたい。

インドの花市場

Short Story ㊲　インドのお年玉

　11月のインドでは、ディワリという祭りが執り行われる。ヒンドゥー教の新年のお祝いだ。ディワリの時期が近づいてくると、オフィスボーイ（雑用係を務める若手）たちはソワソワしはじめる。「そんなに楽しみなの？」と不思議に思っていたが、そのうち、もっと不思議なことが起こりはじめた。オフィスボーイが入れ代わり立ち代わり、幾度も私のキャビンやってくるのだ。「お茶は？」「コピーは？」「電球は切れてないか？」などなど、大した用もないのに顔を出す。後から秘書に教えてもらったのだが、インドの会社では、ディワリになると、マネージャークラスの人間が雑用係の若者たちにお年玉を渡す習慣があるそうだ。しかるにオフィスボーイたちは、ディワリになると各マネージャーのキャビンを回ってお年玉を回収するというわけだ。

　事情を知った私は、他のマネージャーを見習ってお年玉用の100ルピー札を用意し、やってくるオフィスボーイたちに配っていた。ところが、ここで問題が発生。私は、人の顔を覚えるのが苦手で、インド人が相手だと、特にこの弱点が顕著になる。同じオフィスボーイに、何度もお年玉をあげてしまうのだ。この貴重（？）な情報は、さっそく共有されたらしい。次から次へと何人ものオフィスボーイがやってくるようになった。手持ちの100ルピー札はあっという間になくなってしまったが、後からやってきたオフィスボーイに事情を説明しても「もらえるまでは」と言わんばかりに居座る。私の困った様子を見かねた秘書が、ヒンドゥー語で何かを言うと、みんないそいそと引き上げはじめた。それどころか、あるオフィスボーイは、私に50ルピー紙幣をおずおずと手渡して去って行ったのだ。キョトンとしていたら、秘書が笑いながら説明してくれた。「さっきはね、『マダムはお金を配りすぎて今晩の夕食代もないんだ』って言ったんですよ」――なるほど、だから諦めてくれたのか。なかには気の毒がってカンパしてくれる者まで……。インドの人たちは、したたかで強引なところがある半面、情に厚いから憎めないのだ。

Short Story

略語一覧

GDP	Gross Domestic Product（国内総生産）
IT	Information Technology（情報技術）
JICA	Japan International Cooperation Agency（国際協力機構）
JV	Joint Venture（共同企業体）
LED	Light Emitting Diode（発光ダイオード）
ODA	Official Development Assistance（政府開発援助）
OECF	Overseas Economic Cooperation Fund（海外経済協力基金）
OSV	On Sight Visualization（計測の見える化）

参考資料

・インドデリー高速輸送システム建設事業(I)–(VI)　外部評価者：財団法人国際開発高等教育機構　高木桂一、林代至未
・プロジェクト研究　「ジェンダー主流化支援体制構築」(インフラ関連分野)　インド国　デリー高速輸送システム建設事業(フェーズ1～3)　現地調査報告書　2016年10月　(株)エムアンドワイコンサルタント、(株)コーエイ総合研究所
・JICA が取り組むジェンダー平等と女性のエンパワーメント(運輸交通)
  http://gwweb.jica.go.jp/km/FSubject1501.nsf/3b8a2d403517ae4549
  256f2d002e1dcc/1ecb21e149cffdf8492572f20009da4a/$FILE/%E3%80
  %90%E3%82%A4%E3%83%B3%E3%83%89%E3%80%91%E5%92%8C
  %E6%96%87.pdf

※プロジェクト・エスノグラフィーのご案内
　本書で取り上げた「デリー高速輸送システム建設事業」については、当該事業の受益者だけではなく、支援側も含む幅広い関係者による多角的な視点から「現場」のリアリティーを再構築し、それを物語のかたちで記述している「プロセスの評価」も行っており、その報告書を公開している。こちらも合わせてご覧ください。
URLはこちら：
　https://www.jica.go.jp/activities/evaluation/general_new/2016/
　ku57pq00001zfibd-att/part03.pdf

※本書に関連する写真・資料の一部は、独立行政法人国際協力機構（JICA）のホームページ「JICAプロジェクト・ヒストリー・ミュージアム」で閲覧できます。
URLはこちら：
　https://libportal.jica.go.jp/library/public/ProjectHistory/
　IndiaMassRapidTransportSystem/IndiaMassRapidTransportSystem-p.html

[著者]

阿部　玲子 (あべ　れいこ)

1963年山口県生まれ、山口大学工学部卒業。1989年に神戸大学大学院工学研究科修士課程を修了し、鴻池組に入社。1995年からノルウェー工科大学（現・ノルウェー科学技術大学）大学院に留学。その後、台湾高速鉄道（台湾新幹線）トンネル工事を担当。2004年にパシフィックコンサルタンツインターナショナル（後にオリエンタルコンサルタンツグローバルに業務移譲）へ移る。2007年からインドの首都ニューデリーなどの地下鉄建設工事に従事。2014年、山口大学大学院で博士号を取得。現在、同社軌道交通事業部プロジェクト部長兼インド現地法人取締役社長。

マダム、これが俺たちのメトロだ！
インドで地下鉄整備に挑む女性土木技術者の奮闘記

2018年3月31日　第1刷発行

著　者：阿部玲子

発行所：佐伯印刷株式会社　出版事業部
　　　　〒151-0051 東京都渋谷区千駄ヶ谷5-29-7
　　　　TEL 03-5368-4301
　　　　FAX 03-5368-4380

編集・印刷・製本：佐伯印刷株式会社

ISBN978-4-905428-83-1　Printed in Japan
落丁・乱丁はお取り替えいたします